TRILEMA DIGITAL

WALTER LONGO

TRILEMA DIGITAL

AS TRÊS GRANDES TENDÊNCIAS QUE VÃO AFETAR SUA VIDA E SEUS NEGÓCIOS

ALTA BOOKS
EDITORA

Rio de Janeiro, 2021

Trilema Digital - As três grandes tendências que vão afetar sua vida e seus negócios

Copyright © 2021 da Starlin Alta Editora e Consultoria Eireli. ISBN: 978-65-552-0437-7

Todos os direitos estão reservados e protegidos por Lei. Nenhuma parte deste livro, sem autorização prévia por escrito da editora, poderá ser reproduzida ou transmitida. A violação dos Direitos Autorais é crime estabelecido na Lei nº 9.610/98 e com punição de acordo com o artigo 184 do Código Penal.

A editora não se responsabiliza pelo conteúdo da obra, formulada exclusivamente pelo(s) autor(es).

Marcas Registradas: Todos os termos mencionados e reconhecidos como Marca Registrada e/ou Comercial são de responsabilidade de seus proprietários. A editora informa não estar associada a nenhum produto e/ou fornecedor apresentado no livro.

Impresso no Brasil — 1ª Edição, 2021 — Edição revisada conforme o Acordo Ortográfico da Língua Portuguesa de 2009.

Produção Editorial	**Produtor Editorial**	**Marketing Editorial**	**Editor de Aquisição**
Editora Alta Books	Illysabelle Trajano	Lívia Carvalho Gabriela Carvalho marketing@altabooks.com.br	José Rugeri j.rugeri@altabooks.com.br
Gerência Editorial Anderson Vieira		**Coordenação de Eventos** Viviane Paiva eventos@altabooks.com.br	
Gerência Comercial Daniele Fonseca			
Equipe Editorial Ian Verçosa Juliana de Oliveira Luana Goulart Maria de Lourdes Borges Raquel Porto	Rodrigo Ramos Thales Silva Thiê Alves	**Equipe Design** Larissa Lima Marcelli Ferreira Paulo Gomes	**Equipe Comercial** Daiana Costa Daniel Leal Kaique Luiz Tairone Oliveira Vanessa Leite
Revisão Gramatical Hellen Suzuki Thaís Pol	**Diagramação** Joyce Matos	**Projeto Gráfico | Capa** Paulo Gomes	

Publique seu livro com a Alta Books. Para mais informações envie um e-mail para autoria@altabooks.com.br
Obra disponível para venda corporativa e/ou personalizada. Para mais informações, fale com projetos@altabooks.com.br

Erratas e arquivos de apoio: No site da editora relatamos, com a devida correção, qualquer erro encontrado em nossos livros, bem como disponibilizamos arquivos de apoio se aplicáveis à obra em questão.
Acesse o site www.altabooks.com.br e procure pelo título do livro desejado para ter acesso às erratas, aos arquivos de apoio e/ou a outros conteúdos aplicáveis à obra.
Suporte Técnico: A obra é comercializada na forma em que está, sem direito a suporte técnico ou orientação pessoal/exclusiva ao leitor.
A editora não se responsabiliza pela manutenção, atualização e idioma dos sites referidos pelos autores nesta obra.
Ouvidoria: ouvidoria@altabooks.com.br

Dados Internacionais de Catalogação na Publicação (CIP) de acordo com ISBD

L856t	Longo, Walter
	    Trilema Digital: As Três Grandes Tendências Que Vão Afetar Sua Vida e Seus Negócios / Walter Longo. - Rio de Janeiro : Alta Books, 2021.
	    304 p. ; 16cm x 23cm.
	
	    ISBN: 978-65-552-0437-7
	
	    1. Negócios. 2. Tecnologia. 3. Mundo digital. 4. Tendências. I. Título.

2020-2598	CDD 658.4012 CDU 65.011.4

Elaborado por Vagner Rodolfo da Silva - CRB-8/9410

Rua Viúva Cláudio, 291 — Bairro Industrial do Jacaré
CEP: 20.970-031 — Rio de Janeiro (RJ)
Tels.: (21) 3278-8069 / 3278-8419
www.altabooks.com.br — altabooks@altabooks.com.br
www.facebook.com/altabooks — www.instagram.com/altabooks

Dedico este livro a todos os jovens que estarão
habitando nosso planeta no futuro, principalmente
às minhas queridas netas, Dora e Marina.

WALTER LONGO

SOBRE O AUTOR

É publicitário, administrador de empresas, empreendedor digital, palestrante internacional e sócio-diretor da Unimark Comunicação. Anteriormente, foi presidente do Grupo Abril e mentor de Estratégia e Inovação do Grupo Newcomm — holding de comunicação do Grupo WPP que inclui as agências Young & Rubicam, Wunderman, Grey Brasil, VML, entre outras.

Já ocupou cargos de diretor regional para a América Latina do Grupo Young & Rubicam e presidente, no Brasil, da Grey Advertising, Wunderman Worldwide, TVA, MTV e do Grupo Newcomm Bates. Foi também sócio-fundador da primeira agência de *branded content* da América Latina, a Synapsys Marketing e Mídia.

Por sua contribuição no setor de telecomunicações, Longo foi escolhido como presidente-executivo e presidente do conselho da Associação Brasileira de TV por Assinatura (ABTA), além de ter sido fundador e presidente da Associação Brasileira dos Fornecedores de Telecomunicações (Abraforte).

Foi eleito por quatro vezes o melhor Profissional do Ano do Prêmio Caboré. Foi também premiado com o título de Personalidade do Marketing Direto pela Associação Brasileira de Marketing de Dados (ABEMD). Em 2015, passou a fazer parte do *Hall of Fame* do Marketing no Brasil. Em 2017, recebeu o Prêmio Lide de Marketing Empresarial.

Walter Longo é membro de vários conselhos de empresas como SulAmérica, Portobello e Cacau Show, sócio de múltiplas empresas digitais, palestrante reconhecido internacionalmente, articulista de múltiplas publicações, além de autor, entre outros, dos livros *O Marketing e o Nexo*, *Marketing e Comunicação na Era Pós-Digital*, *O Fim da Idade Média e o Início da Idade Mídia* e *Insights para um Mercado em Transição*.

É também membro do Comitê Digital e mentor do Programa de Investimentos de Startups do Hospital Albert Einstein, além de influencer do LinkedIn com mais de 600 mil seguidores.

walterlongo.com.br

SUMÁRIO

PARTE 1
▷ EXTELIGÊNCIA, 18

1. O Enfrentamento da Indigência Cognitiva, 23
2. Vivemos em um Mundo Repleto de Distração, 49
3. Uma Revolução Humana, 77

PARTE 2
▷ TRIBALISMO, 100

4. As Diferenças Ampliam Nossa Existência, 105
5. O Outro e a sua Importância, 133
6. A Construção de uma Realidade Inclusiva, 157

PARTE 3
▷ COMPARTILHAMENTO, 182

7. Desafios do Caminho, 187
8. A Caixa de Pandora do Mundo Pós-Digital, 205
9. Nossos Dilemas com o Consumo, 225

CONCLUSÃO
▷ A SAÍDA DO TRILEMA, 242

Aos Jovens (De Todas as Idades), 247

INTRODUÇÃO

O TRILEMA DIGITAL ESTÁ ENTRE NÓS

Há muitas décadas, me dedico a entender as transformações de nosso mundo. Os processos de inovação, o desenvolvimento de novas tecnologias, bem como a mudança de comportamento decorrente da disseminação de dispositivos tecnológicos são, de fato, acontecimentos fascinantes em nossas vidas — e temas de meu cotidiano, como usuário e estudioso. Abordo esses assuntos por meio de livros, palestras, *lives*, podcasts e artigos, sempre com o objetivo de ampliar a reflexão sobre esses fenômenos, ligados à sociedade de maneira intrínseca, mas, ainda, tão distantes de serem compreendidos de acordo com sua potencialidade.

Nesse meu percurso de observação e análise, uma conclusão me parece bastante assertiva: *o mundo digital propicia uma condição sem precedentes em nossa história*. Seu surgimento e sua evolução afetam todos os aspectos da humanidade, tanto em âmbito individual como coletivo, provocando a maior, mais profunda, mais completa e mais rápida mudança social registrada desde o começo de nossa civilização. É uma revolução no sentido mais literal desta palavra. E mais: trata-se de um movimento revolucionário inédito, que emerge a partir de estruturas sociais mais amplas e inclusivas e menos elitistas, sendo levado até as camadas sociais que sempre foram desprivilegiadas devido a suas características financeiras ou intelectuais e modificando-as, criando novos paradigmas.

A revolução digital não se dissemina a partir de um centro de pensamento, ou seja, não tem um núcleo ideológico. Ela brota da consciência e da necessidade individual das pessoas e, por isso, prescinde de lideranças.

Até hoje, todas as revoluções foram manipuladas por uma elite qualquer que utilizava as aspirações das pessoas e o eventual descontentamento social vigente para incutir ideias, conquistar apoio e realizar as modificações pretendidas por poucos. Isso ocorreu, por exemplo, com as Revoluções Francesa e Russa, ambas de caráter político. A partir dos discursos proferidos por suas lideranças, a população foi mobilizada, resultando nos históricos embates desses dois movimentos.

Já na Revolução Industrial, outro exemplo muito expressivo para nossas vidas, o aspecto revolucionário estava na rápida transformação do modo de produção praticado, alterando o cenário econômico e provocando dramáticas mudanças nos eixos sociais de poder.

É preciso lembrar que *tempo* e *escala* diferenciam o processo evolutivo do processo revolucionário. As *revoluções* implicam transformações rápidas e de grande proporção, enquanto a *evolução* tende a ser lenta e concentrada em aspectos específicos.

Uma revolução ocorre quando, de uma hora para outra, a ordem do que estava acomodado se altera. Vale a pena ressaltar que, em sua essência, a tecnologia é (e sempre foi) revolucionária. Assimilar esta informação é importantíssimo: a revolução é inerente à tecnologia, e a história comprova tal afirmação.

Ao surgimento de cada avanço tecnológico, a humanidade se refez, modificou paradigmas econômicos, sociais, ambientais, entre outros. Mas, no passado, a despeito das transformações atingidas, a elite dominava. Quando a tecnologia surgia, ela era controlada por poucas pessoas, integrantes dos grupos mais abastados financeiramente, e as transformações ocorriam, então, a partir dessa minoria social. O que vivemos hoje é diferente.

Quando, por meio da atual difusão tecnológica — evidenciada pelo uso de *smartphones*, internet, aplicativos, redes sociais —, as pessoas têm vasto acesso à informação e, ao mesmo tempo, ganham autonomia para expressar suas opiniões, a revolução acontece de forma ampla e irrestrita.

Essa interação entre a tecnologia e os indivíduos gera consequências imprevisíveis, inexplicáveis, quando os expressivos resultados das ações individuais são considerados apenas ao ganharem volume exponencial. Ou seja, essa massa de indivíduos age exatamente como os *"fenômenos emergentes"*, descritos pela sociobiologia. Quando muitos agentes simples operam em um ambiente, seguindo as definições físicas e químicas, seu conjunto de ação forma comportamentos complexos. Normalmente, o resultado dessa prática em si é imprevisível, mas acarreta a evolução do sistema. O mesmo se dá no cenário comportamental, em que interações homem-máquina individuais alteram profundamente os destinos da sociedade, ocorrendo, também, de maneira inesperada e imprevisível.

É essa imprevisibilidade, essa incerteza, o tema de fundo desta minha nova publicação, *Trilema Digital*. Naturalmente, sou um entusiasta e defensor do uso irrestrito da tecnologia em nossas vidas. Sim, sou esperançoso e percebo as infinitas possibilidades de aprimoramento em nossa existência e em nosso cotidiano a partir de nossa interação com os mais indistintos dispositivos tecnológicos. Porém, mesmo com todo meu otimismo, é preciso fazer ressalvas. Nem tudo são flores, afinal. Novas tendências ou transformações sociais trazem sempre em seu bojo um lado claro e outro escuro.

Atualmente, três tendências preocupam cientistas sociais e tiram o sono dos empresários e dos cidadãos conscientes — me incluo entre eles, apesar de manter meu sono em dia. E, por serem três, eu as chamo pela expressão *Trilema Digital*, um conjunto complexo de situações distintas, mas interligadas.

Nosso *Trilema Digital* é um desafio; devemos enfrentá-lo como tal e oferecer soluções para superá-lo. A primeira atitude é dar visibilidade a ele e identificar os problemas propostos entre as tendências que o compõem, as quais identifico como: *Exteligência, Tribalismo* e *Compartilhamento*. Três fenômenos decorrentes da transformação digital que se entrelaçam, formando um grande impasse para a sociedade. Ao longo deste livro, me dedico a explicá-las. Passo a passo, será possível compreender cada uma dessas três partes que compõem o Trilema e saber como afetam nossas vidas, mas desde já começo a introduzir seus significados.

EXTELIGÊNCIA

No universo pós-digital, a circulação da informação é uma constante e está em viés de crescimento. Tudo ao nosso redor nos informa algo, conta sua história, inclusive os objetos, que serão mais bem "compreendidos" com o advento da tecnologia 5G e a consolidação da Internet das Coisas. Contudo, esse conjunto de informação imenso e positivo é externo ao nosso cérebro, portanto, é ineficaz ao pleno funcionamento de suas faculdades. Enquanto não embarcamos a informação em nosso cérebro, ele é incapaz de gerar sinapses, e essa condição é a armadilha na qual caímos com o crescimento da Exteligência.

Paradoxalmente, vivemos como sociedade em uma época com maior disponibilidade de informação, mas cada vez menos os indivíduos a utilizam. Se toda a informação produzida não está sendo armazenada em nossa cabeça, ela é irrelevante para o funcionamento de nosso cérebro, por não gerarmos sinapses a partir delas. E, sem isso, não se produzem novas ideias, teses e insights.

Assistimos, assim, ao processo de deterioração de nosso foco, de nossa atenção para assuntos mais profundos e textos mais elaborados. Em outras palavras, podemos emburrecer com a perda gradativa do conhecimento embarcado. Em meio ao crescimento da Exteligência, nossa inteligência individual reduz drasticamente.

TRIBALISMO

Na segunda tendência do Trilema Digital, percebemos que a sociedade nunca nos exigiu tanta aceitação das diferenças e, ao mesmo tempo, essa mesma sociedade nunca foi tão fechada em "tribos" cada vez mais convictas de suas certezas. Por meio da internet, criamos "bolhas de convívio". Fechamo-nos em nossos grupos de relacionamento com interesses afins e vemos o outro como o diferente, algo possível de ser eliminado, desvalidado, ridicularizado, *cancelado*.

O Tribalismo desencadeia a imunização cognitiva, um tipo de escudo social. As pessoas se agarram aos seus valores e credos a despeito dos fatos. Em alguns casos, a propósito, os acontecimentos são completamente irrelevantes, visto que são incapazes de contradizer a certeza que foi estabelecida como verdade absoluta — o prejulgamento — de alguns.

A disseminação engajada das *fake news* é um exemplo desse comportamento, assim como o crescimento exponencial da circulação de ideias completamente segregadas das evidências científicas demonstradas ao longo dos séculos.

Quando um número significativo de pessoas acredita que a Terra é plana e que se vacinar faz mal, isso só nos demonstra o quanto estamos enfermos como sociedade. Aos poucos, os defensores dessas teses perdem a sua capacidade de visão crítica. (Esse é um assunto que estou acompanhando com muita atenção e será o tema do meu próximo livro, *Vítimas do Critério*.)

Devido à sua capacidade de conexão, o universo digital é terreno perfeito para a difusão da imunização cognitiva. Os algoritmos são extremamente funcionais para tratar as pessoas de maneira individualizada. Por outro lado, são instrumentos adequados para oferecer "mais do mesmo", limitando o domínio de informação e a experiência dos indivíduos.

Ao eliminar o confronto e o convívio com o contraditório, os algoritmos deformam a estrutura comportamental das pessoas; incitam a separação e o acirramento de grupos com pensamentos divergentes. Nesse contexto, surgem as mídias individualizadas, oferecendo às pessoas um conteúdo informativo ou de entretenimento cada vez menos diverso. Estas são condições culturalmente muito perigosas. Precisamos desenvolver nossa capacidade de empatia, de entendimento do outro e de aceitação da diferença.

Enquanto a pressão social é pela aceitação das diferenças e convivência dos desiguais, a sociedade digital incute nas pessoas uma visão tribal e maniqueísta, baseada em *eu estou certo, ele está errado*, o que é um risco para as novas gerações.

COMPARTILHAMENTO

Por fim, nessa organização social cada vez mais tribal, em um mundo no qual a inteligência, aos poucos, é transformada em Exteligência, temos a terceira tendência do *Trilema*, o *Compartilhamento*, talvez a mais polêmica dentre elas.

Em princípio, os aspectos negativos tanto da Exteligência quanto do Tribalismo são mais fáceis de serem entendidos e aceitos. Afinal, não queremos danificar voluntariamente nosso cérebro, tampouco queremos nos limitar a um mundo de iguais, sem nuances e possibilidades de crescimento. Mas a terceira tendência, por sua vez, "encobre" melhor seu aspecto negativo, visto que ela tem, por assim dizer, uma boa reputação entre as pessoas. Trata-se da *Economia Compartilhada* (*Sharing Economy*) ou, como querem alguns, *Lowsumerism*.

Desde já enfatizo: o *consumo consciente* é muito benéfico para o mundo. Nós precisamos dele e temos de ampliá-lo, mas sem desconsiderar todos os aspectos desta prática. A *Economia Compartilhada* pode ter um impacto devastador nas formas tradicionais de geração de renda e na consequente evolução do PIB dos países. Explico.

O consumo é um dos fundamentos dos setores produtivos em nossa organização social. As corporações projetam seu crescimento baseadas na maior venda de bens e no aumento da prestação de serviço. Isso gera empregos (diretos e indiretos), movimenta a indústria de base, gera impostos e confere renda à população. Quando o consumo decai, obviamente, há menor oferta de empregos, menos renda circula, assim como a movimentação de matéria-prima e produtos manufaturados é menor. Essa questão precisa ser compreendida com objetividade, sem arroubos de paixão. A pandemia recente que assolou o mundo, com sua consequente quarentena, foi a prova mais eficaz do que ocorre quando o consumo baixa.

O PIB de nenhum país cresce se a indústria local não produz adequadamente; se o consumo é baixo; se as exportações e importações de produtos são irregulares. As pessoas precisam adquirir casas, fazer compras no comércio, planejar viagens. Esses movimentos giram a economia e a aquecem. Nesse sentido, é paradoxal o país ter o crescimento vertiginoso da Economia Compartilhada e querer, ao mesmo tempo, o crescimento do PIB, baseado em modelos econômicos tradicionais. Essa equação não fecha.

Mais uma vez, não estou me colocando contra o *Lowsumerism*. Quando bem aplicado, pode ser uma forma fantástica para gerarmos economia individual e consciência ecológica. O mundo, de fato, precisa tratar melhor seu meio ambiente. Há urgência na introdução de modelos de consumo consciente. Mas temos de estar muito atentos, pois essa prática tem potencial subjacente para devastar a economia e requer extremo cuidado em sua adoção por parte da sociedade. Até encontrarmos uma solução para implementá-la sem comprometer diversos setores tradicionais da cadeia produtiva dos países, precisamos de cautela. Ao longo deste livro, vamos refletir mais sobre essa questão.

Aliás, esta é apenas a introdução das três tendências que compõem a narrativa do *Trilema Digital*. Essa reflexão não pretende ser definitiva. Pelo contrário, se constitui de uma análise pontual, um recorte de nossos dias. Com ela, é possível evidenciar formas de aproveitar o lado bom dos avanços digitais, a fim de não cairmos em armadilhas. Para conseguirmos atingir esse objetivo, porém, precisamos identificar e reconhecer alguns de seus aspectos negativos.

A tecnologia existe para simplificar a nossa vida, agilizar o nosso cotidiano, mas, se queremos extrair todo o seu potencial, precisamos fazer uma análise integral de seu uso. Nem tudo é válido, positivo e belo. Há também um lado oculto e nebuloso da inovação, pronto para nos prejudicar — mas não é preciso ter receio de enfrentá-lo, nem devemos fingir sua inexistência.

O surgimento do universo pós-digital gera angústia e incerteza para muitos. O aparecimento de novas interações sociais, a concepção e elaboração de uma miríade de equipamentos eletrônicos, sobretudo a evolução da Inteligência Artificial, que, em tese, é base para a criação de figuras robóticas à nossa imagem e semelhança, delineiam um cenário perturbador para algumas pessoas. Vários temem a consolidação de um mundo distópico, aos moldes dos projetados na ficção científica, em que a humanidade é subjugada às máquinas, e a Terra tal qual conhecemos deixa de existir.

Em meu livro *O Fim da Idade Média e o Início da Idade Mídia*, abordei detalhadamente o fato de que, daqui por diante, seremos reconhecidos pela potencialidade de nossas características mais singulares, por nossa individualidade, e estaremos instrumentalizados por diversas ferramentas tecnológicas. Mas esse novo tempo ainda não está consolidado; estamos em uma fase de transição. Ou seja, de fato, passamos por um período de mais incertezas, de poucas respostas precisas para a imensa quantidade de perguntas pertinentes sobre o porvir. Como em toda transição, as respostas estão sendo elaboradas.

São tempos estranhos esses em que vivemos. Antigamente, os sábios tinham certezas e os ignorantes tinham dúvidas. Agora, estamos assistindo ao inverso disso: quanto mais conhecimento, mais dúvidas; e, quanto mais ignorância, mais certezas. Em algumas práticas terapêuticas, há o entendimento, figurativamente, de que o medo habita uma caverna escura e fechada nas pessoas. A única forma possível de retirá-lo dali é deixar a luz e o vento entrarem na caverna. A claridade e a renovação do ar no ambiente fazem esse medo desaparecer. Portanto, vamos iluminar este *Trilema Digital*, para termos a chance de restringir os seus aspectos negativos em nossas vidas e reforçarmos os positivos. O primeiro passo começa aqui.

DESMISTIFICANDO O TRILEMA

"O mundo fez um progresso espetacular em todas as medidas de bem-estar, mas quase ninguém sabe disso (...) Há um hábito disseminado entre intelectuais e jornalistas que destaca apenas o negativo, como se o mundo estivesse sempre à beira da catástrofe. Essa é a mentalidade da falta."

— STEVEN PINKER, *PhD em Psicologia Experimental e linguista, professor de Harvard*

Antes de avançarmos na leitura deste livro, é preciso ter claro o significado do Trilema Digital em nossas vidas. Compreendê-lo é o ponto de partida para os capítulos seguintes, e é fundamental para não sermos levados a conclusões precipitadas, equivocadas, devido a esta característica tão humana: o pessimismo. (Neste caso, pessimismo em relação à vertiginosa presença da tecnologia em nosso cotidiano.)

Ao longo de nossa existência, a humanidade revela grande facilidade para ser pessimista, olhar o contexto ao seu redor como algo determinado, limitante e fatal. Nas últimas décadas, o avanço tecnológico, em certa medida, tem sido o alvo preferencial desse grupo de pessoas. São diversas e catastróficas as profecias relacionadas ao nosso futuro — algumas das quais não se intimidam a trombetear nossa total destruição em decorrência dos mais diversos incrementos tecnológicos.

Para quem enfatiza os aspectos puramente negativos de nossas situações cotidianas, sejam elas quais forem, a existência do Trilema Digital, que nos impacta, indiferente à nossa vontade, pode representar algo muito nocivo — o que não é verdade.

A humanidade está em uma espiral de crescimento, apesar das Cassandras de plantão. Vivemos uma época próspera, melhoramos nossos indicadores de saúde, a forma como nos alimentamos, como construímos nossas casas, nos locomovemos e nos vestimos. O acesso à educação é quase universal e nossa expectativa de vida dá saltos. Os mais variados organismos internacionais registram o aumento de nossa longevidade. Apesar do episódio da Covid-19, a evolução seguirá, mesmo com uma crise econômica de proporções épicas.

Estudos do Banco Mundial, por exemplo, apontam que, desde os anos 1960, os indicadores de nosso tempo de existência só crescem. O salto, em cinco décadas (de 1960 para 2010), foi de 18,1 anos. De forma geral, em todo o mundo, passamos de uma expectativa de vida de 52,5 anos para 70,6 anos; e a tecnologia se mostra indispensável para esse feito. Contudo, apesar das evidências, há quem tenha muito medo do futuro, tornando-se um pessimista nato. Neste caso, é bom lembrar:

> O medo é o vírus da inovação.

Não fossem os pessimistas, talvez não encontrássemos as soluções para os problemas quando eles se apresentam. Essa é uma refinada ironia. As previsões trágicas dos arautos do apocalipse são desmentidas exatamente pelo fatalismo depositado em suas projeções.

Na medida em que vislumbram cenários sem saídas, eles dão margem para se criar uma "resistência" a essas previsões, para se pesquisar e desenvolver maneiras de evitar o pior. Com isso, formam-se estudos contrários às projeções negativas, consequentemente, indicando saídas concretas para as situações. Tome o exemplo do surgimento e proliferação da AIDS, uma das doenças mais graves registradas nos últimos séculos.

Identificada pelos sistemas de saúde mundo afora entre o final dos anos 1970 e início dos anos 1980, a Síndrome da Imunodeficiência Adquirida tornou-se uma sentença de morte quase instantânea ao ser detectada. Porém, ao chegarmos nos anos de 2020, desse status fatalista de morte iminente, a doença passou a ser considerada crônica. Ou seja, é passível de tratamento médico, a exemplo de diversas outras condições de saúde, como diabetes e hipertensão.

Em outras palavras, apesar de a medicina ainda não ter encontrado uma cura definitiva para o vírus, o esforço da ciência em todas as suas frentes reverteu o quadro apocalíptico instaurado pelos mais descrentes no começo da síndrome. No decorrer dos capítulos, veremos outros exemplos nesse sentido, situações entendidas como limítrofes, mas que foram revertidas. É para essa condição de reversão de perspectiva que o nosso Trilema Digital se encaminha.

FENÔMENO TERATÓLOGICO

O fato de a Exteligência, o Tribalismo e o Compartilhamento serem três grandes tendências de profundo impacto na sociedade, e, de certa forma, se entrelaçarem, me fez perceber que a maneira mais adequada de me referir a elas seria por meio do conceito de extensão do significado de dilema, expresso pela palavra Trilema.

Dilemas, formalmente, remetem a duas premissas contraditórias, excludentes entre si; portanto, não abarcaria o todo da complexa discussão do mundo pós-digital.

Se eu tenho um dilema, tenho uma dúvida e preciso tomar uma decisão. Consequentemente, terei de optar por um caminho em detrimento do outro. É uma maneira mais binária de interagir com a situação; aliás, essa é uma abordagem totalmente inserida no universo digital, visto que a linguagem computacional é identificada como binária, resultante de múltiplas combinações de 0s e 1s.

Já os trilemas, apesar de serem uma variação conceitual do significado de dilema, remetem a situações mais abrangentes, portanto, são mais adequados para lidar com a complexidade da revolução digital em nossas vidas, sobretudo se pensarmos nessa situação como um problema global, multifacetado, abrangendo várias áreas do conhecimento humano. Você também pode entender o Trilema como três bifurcações gigantescas e interligadas.

Para mim, o Trilema Digital, visto pelo seu ângulo negativo, é um fenômeno teratológico, uma anomalia que acomete nossa sociedade, precipitando uma potencial mutação estrutural de nossas relações. Apesar da gravidade do assunto, meu objetivo, ao refletir sobre ele, não é criticar o futuro digital, paralisar diante dos acontecimentos ou simplesmente oferecer uma visão apocalíptica do porvir, apenas para ser fatalista.

Para interromper sua ação e minimizar sua influência, primeiro, é preciso jogar luz sobre o desafio representado pelo Trilema.

> Estamos cada vez mais exteligentes e menos inteligentes; cada vez mais tribais e ignorantes; nos preocupamos em ter uma Economia Compartilhada, mas não dimensionamos seu impacto econômico adequadamente.

Em resumo, esses são os três aspectos apontados pelo Trilema, os quais temos de superar como humanidade. É importante ressaltar a nossa missão de superá-los, porque eles são nossos desafios contemporâneos. O contexto já está posto, não adianta tentar eliminá-lo ou fingir sua inexistência. Isso não funciona. Agir como se procurássemos esconderijos para eles não nos encontrarem ou desejarmos que sumam como mágica é um erro e imaturidade. O Trilema não é um vírus potencial que tem um risco de chegar até nós. É um fato já estabelecido. Nesse sentido, precisamos superar os obstáculos impostos por ele de maneira ponderada, refletindo a partir de dados objetivos e avaliando as consequências das decisões tomadas.

Se não houver uma ação efetiva para solucionar os efeitos do Trilema em nossas vidas, poderemos alicerçar o mundo distópico tão temido, sabe-se lá em qual medida e forma. Contudo, tenho certeza de que esta não é uma possibilidade; conseguir suplantá-lo é uma questão de tempo, empenho e foco. Em suma, seus efeitos negativos vão sumir mediante a adoção de uma atitude menos teórica e pessimista e mais assertiva, por intermédio de ações mensuráveis e constantes.

PARTE 1

▷ EXTELIGÊNCIA

QUANDO MUITA GENTE PENSA E, POR CONSEQUÊNCIA, CONTRIBUI PARA A FORMAÇÃO DE UM PENSAMENTO COLETIVO, ISSO É CHAMADO EXTELIGÊNCIA.

A Exteligência democratiza o conhecimento ao unir a população mundial pelo conhecimento disponibilizado com a integração das redes de computadores à internet.

Enquanto na inteligência as sinapses ocorrem dentro da cabeça humana, com os neurônios, na Exteligência, há uma enorme rede de relacionamento externa, na qual cada um de seus integrantes contribui como se fosse um neurônio.

Em termos comparativos, a inteligência é individual, e a Exteligência, coletiva. A primeira fica represada na mente das pessoas; a segunda emerge com força por meio de compartilhamentos e criação coletiva. A constituição dessa nova dinâmica, em tese, envolve o coletivo, o divergente e facilita o encontro de pensamentos e atitudes. Mas é preciso ficar atento.

Todo o conhecimento derivado da Exteligência é externo ao nosso cérebro, portanto não nos gera sinapses. Aos poucos, essa condição nos coloca em um período de indigência cognitiva muito grave, já evidenciado. Nunca tivemos tanta informação e nunca tivemos tanta dificuldade em processá-la e entendê-la.

A Exteligência é um imenso desafio à inteligência humana. Precisamos ter clareza quanto à extensão de seus impactos em nossas vidas. Afinal, eles já estão acontecendo.

CAPÍTULO 1

O ENFRENTAMENTO DA INDIGÊNCIA COGNITIVA

> "A sabedoria não é um produto da escola, mas da tentativa de adquiri-la ao longo da vida."
>
> — ALBERT EINSTEIN, *físico*

Quando eu era criança e cursava os ensinos fundamental e médio, à época ainda chamados de primário, ginásio e secundário (este dividido entre o clássico e o científico), lá pelos idos das décadas de 1960–1970, tudo que meus professores me ensinavam eu, obrigatoriamente, tinha de guardar na cabeça. Precisava memorizar as informações, decorá-las por meio de um processo de leitura, escrita e, obviamente, prestar muita atenção às explicações dadas pelos meus mestres em sala de aula. Nem eu e nenhum de meus colegas contava com a ajuda de dispositivos eletrônicos, pen drives ou hard disks para consultar posteriormente as informações repassadas por nossos professores. Nossas cabeças eram nossos únicos repositórios de informação e necessitávamos de seu bom funcionamento.

Éramos obrigados a nos lembrar de um vasto conteúdo educacional, dos essenciais aos gerais. Precisávamos saber os nomes dos afluentes localizados à margem direita do rio Amazonas no território brasileiro (Javari, Juruá, Purus, Madeira, Tapajós e Xingu). Tínhamos de ter, na ponta da língua, os nomes das três Pirâmides de Gizé, no Egito (Quéops, Quéfren e Miquerinos). E, como se isso ainda não fosse suficiente, necessitávamos saber quais rios banhavam a Mesopotâmia (Tigres e Eufrates). Mas havia muito mais para abarcarmos em nosso cérebro.

Sabíamos sobre o amor de Ceci e Peri, narrado por José de Alencar em uma das grandes obras literárias brasileiras, *O Guarani*. Lembrávamo-nos dos "olhos de ressaca" de Capitu, uma das mais populares personagens femininas, se não a mais popular, dos romances de Machado de Assis, que habita as páginas de *Dom Casmurro*.

Éramos obrigados a decorar todos os elementos químicos da tabela periódica, lembrando que eles estão agrupados em ordem crescente, de acordo com os seus números atômicos, sendo o primeiro o hidrogênio (H), seguido do hélio (He), do lítio (Li) e assim sucessivamente.

Tínhamos de ter respostas rápidas para tantas fórmulas de álgebra e geometria, e o cálculo correto da hipotenusa e dos catetos, além de sabermos as datas nacionais mais relevantes, como o dia 15 de novembro de 1889, em que o general Marechal Deodoro, na cidade do Rio de Janeiro, à frente de um grupo de militares, proclamou a formação de nossa República, retirando o poder político da Coroa Portuguesa.

E a quantidade de informação recebida não parava por aí. Diariamente, absorvíamos um vasto material de conhecimento, de todas as disciplinas oferecidas na escola, como ciências, língua portuguesa e matemática. Era, de fato, um volume descomunal de conteúdo e conhecimento, todo ele devidamente repassado de forma completamente analógica. Precisávamos nos dedicar por horas a fio à leitura de nossos livros didáticos, fazendo cópias de textos, utilizando nosso raciocínio lógico para entender os meandros da álgebra e da geometria.

Para uma criança ou adolescente, essa rotina de estudos pode ser cansativa — eu me via exausto, muitas vezes —, principalmente quando há tanto por descobrir no mundo, em uma fase de nossas vidas em que quase tudo representa o novo, o imponderável e o misterioso.

Naquela época, não conseguimos conter nossa curiosidade, mas éramos obrigados, por nossos pais e responsáveis, a ter disciplina para resolver as questões escolares, decorando nomes de lugares distantes que talvez nunca visitaríamos ou fórmulas químicas que sempre seriam uma vaga teoria para muitos.

É inegável que, para alguns, esta pode ser definitivamente uma condição enfadonha e absolutamente desmotivadora. Mas essa dinâmica, evidentemente, também tem o seu lado positivo; havia ganhos e, apesar de vivê-los intensamente, não os dimensionava completamente em minha infância.

Eu sabia, por exemplo, que a civilização mesopotâmica surgiu e se desenvolveu ao longo dos rios Tigres e Eufrates. Algo semelhante teria acontecido com os egípcios; no caso destes, entretanto, o cenário era outro: o seu povo prosperou ao lado do rio Nilo. E mais: na Europa, o rio Reno, que atravessa o continente de norte a sul, teria sido o percurso para o aparecimento e o progresso de importantes cidades europeias.

Sem dúvida, os rios são fundamentais para o desenvolvimento das civilizações e para a geração de riqueza dos povos. Eu percebia esse fato quando criança. Tal percepção resultou do conhecimento ao qual estava exposto na escola, me gerando dúvidas e interesses correlatos. Por isso, em minha inocência infantil, me questionava por qual motivo, ao longo do rio Amazonas, não teria ocorrido algo similar, o desenvolvimento de uma civilização comparável à egípcia ou às cidades europeias e à Mesopotâmia. Por que não? "Afinal, se o rio Amazonas é o maior do mundo, não seria coerente o aparecimento de uma civilização significativa às suas margens?", pensava, intrigado.

É fato que, apesar de termos grandes áreas metropolitanas na região do rio Amazonas, como as cidades de Belém (banhada pelo rio Maguari) e Manaus (banhada pelo rio Negro), elas foram estabelecidas mais recentemente, milênios depois da existência das grandes civilizações mesopotâmica e egípcia, e não são comparáveis a elas.

Em minha fase escolar, me perguntava qual seria o motivo dessa diferença. Questionava-me persistentemente por que os povos indígenas daquela região, que já estavam por lá bem antes da chegada dos europeus, não teriam criado um império à semelhança de outros povos da Antiguidade.

Obviamente, ao crescer, entendi a importância de outras relações políticas e sociais como resposta aos acontecimentos que me intrigavam. Mas até ter adquirido maturidade para compreender os múltiplos aspectos do desenvolvimento de um povo, não hesitei em refletir, perguntar aos meus professores e procurar por uma literatura capaz de explicar esses motivos.

Com o passar dos anos, curiosamente, eu percebia o natural aparecimento de minhas indagações sobre o mundo e os fatos históricos sem a necessidade de premeditar as perguntas, programar as dúvidas e incertezas. Eu não havia ordenado nem dado um comando para que elas surgissem: elas simplesmente apareciam de forma "espontânea", pensava eu. Meu cérebro estava em constante questionamento, fruto das informações que eu colocava diariamente dentro dele.

Pelo conteúdo assimilado em sala de aula, eu tinha insights; surgiam desconfianças e ilações; este é o processo natural do funcionamento do cérebro. Em outras palavras, eu tinha curiosidade e uma imensa necessidade de aprender. E isso era espontâneo, nato, como se fizesse parte de minha condição humana. Esse comportamento me gerava o acúmulo de conhecimento e instrumentalizava meu raciocínio.

A partir das informações embarcadas, os neurônios geram sinapses automáticas, e essas sinapses nos dão oportunidade para termos ideias; elas aguçam nossa curiosidade e nosso pensamento. Por essa dinâmica, chegamos a conclusões, elaboramos teorias, construímos narrativas, somos capazes de nos expressar oralmente ou pela escrita. Fazemos cálculos complexos e entendemos geometria. Nosso cérebro gera questionamentos por meio das informações recebidas.

Do ponto de vista de complexidade, o cérebro humano é inigualável em nosso corpo. A ciência sequer conseguiu explicar todo o seu funcionamento. Não à toa, aliás. Fatores químicos e biológicos indicam o grau de sua complexidade.

No final da primeira década dos anos 2000, os neurocientistas Suzana Herculano Houzel e Robert Lent, à época vinculados à Universidade Federal do Rio de Janeiro (UFRJ), ajudaram a identificar, por meio de suas pesquisas, pela primeira vez na literatura científica mundial, a existência de 86 bilhões de neurônios em atividade no cérebro de um homem adulto, saudável, entre 50 e 70 anos de idade. Antes desse levantamento, o mundo acadêmico acreditava que seriam 100 bilhões de neurônios em funcionamento.

A precisão do número descoberto trouxe mais objetividade para a investigação cerebral; é uma forma para compreender o cérebro e suas estratégias de funcionamento com mais exatidão, além, é claro, de criar parâmetros para identificar um órgão saudável, em comparação a um cérebro acometido por alguma anomalia ou doença específica, facilitando tratamentos e o desenvolvimento de medicações.

Ao longo dos anos, a neurociência vem evoluindo e, a partir de novos estudos, passou a reconhecer que é extremamente relevante que as investigações se atentem às conexões efetivas desse órgão, que geram as redes de processamento da informação de forma distribuída em seu funcionamento, assim como é importante dimensionar as características físicas e químicas de nosso cérebro, a exemplo da precisão da quantidade de neurônios existentes. Quando dimensionamos a extensão e a importância dessas conexões, conforme apontam neurocientistas, entendemos a importância desse tema.

Os 86 bilhões de neurônios existentes nos geram a impressionante quantidade de 100 trilhões de conexões neurais. Isso é fenomenal. São 100.000.000.000.000 de conexões — dinâmica esta ainda impossível de ser replicada por uma máquina, em um computador, a despeito de todos os avanços tecnológicos.

A recriação desse contexto torna-se mais inviável quando adicionamos a ele a imponderabilidade das nossas ações resultantes de processos emocionais ou da expressão do livre-arbítrio, por meio de ações aparentemente contraditórias em relação à lógica das situações.

O quadro de complexidade para a recriação do nosso cérebro só tende a se agravar se considerarmos o tanto de energia que é necessária para o funcionamento de um robô desenvolvido para executar atividades similares às cerebrais.

Pesquisadores da Universidade de Stanford conduziram estudos sobre esse assunto e concluíram que para uma máquina executar atividades semelhantes ao nosso funcionamento cerebral, em termos de estimativa, o consumo energético equivaleria a 60 milhões watts/hora. Esse valor, a despeito de ser uma projeção, dimensiona de forma prática a imensidão energética envolvida para esse funcionamento. Trata-se de uma tarefa, diga-se de passagem, digna do trabalho de uma grande usina hidrelétrica.

Por sua vez, nosso cérebro gasta apenas 20 watts/hora para manter seu funcionamento. Essa condição é fantástica, ainda incomparável, e um desafio à tecnologia.

O SURGIMENTO DA EXTELIGÊNCIA

Por séculos, a breve descrição mencionada do processo de aprendizagem e funcionamento cerebral foi a norma vigente de nosso comportamento, mas de uns tempos para cá algo mudou, a despeito de ainda sermos incapazes de criar um cérebro humano. Essa impossibilidade, porém, não evita o fato de estarmos subvertendo nossa maneira de ser e de nos relacionar.

Desde a chegada da computação em nossas vidas, as mudanças acontecem gradualmente e se intensificam devido ao desenvolvimento da tecnologia da informação, ao surgimento da Inteligência Artificial e ao avanço da robótica e à consolidação do mundo pós-digital.

Hoje, todo o conhecimento produzido está armazenado em nuvem e pode ser acessado pelo computador; pela internet, obtenho a informação que desejo, a qualquer instante. Essa dinâmica é algo para ser celebrado efusivamente; estamos evoluindo e revolucionando nossa sociedade. Mas essa realidade também traz problemas. É preciso estar atento a todas as novas implicações em nosso comportamento, ao estabelecimento de nossas relações sociais, à maneira como interagimos com os nossos contextos. Há situações problemáticas à vista. Especificamente, em relação ao nosso desenvolvimento cerebral, temos de redobrar a atenção.

Como sociedade, a oferta de informação pelos meios tecnológicos é crescente, e a sua tendência é de expansão. Não haverá um *turning point*, uma involução desse caminho. Por essa ampliação ser teoricamente ilimitada, criou-se uma contradição, estabeleceu-se um paradigma a ser superado.

Apesar de termos coletivamente mais informação disponível e em circulação, como indivíduos, desperdiçamos grande parte desse conhecimento, devido à nossa incapacidade em absorvê-lo por completo.

A quantidade gigantesca de conteúdo oferecido suplanta nossa capacidade de assimilação. Daí, temos a consolidação e o aprofundamento de uma difícil equação.

Todo esse conhecimento só existe como um saber externo ao nosso cérebro. Tal condição, por sua vez, determina um comportamento em relação ao aprendizado que é propício à estagnação de nossa inteligência, construindo o seguinte quadro:

> Sem informação armazenada, embarcada, em nosso cérebro, os neurônios não fazem sinapses. Não fazendo sinapses, não há criatividade e/ou geração de insights, essenciais para o raciocínio.

Esse contexto é a base para o surgimento de uma das vertentes do Trilema Digital, a Exteligência, que pode ser entendida como um conhecimento adjacente, externo às nossas faculdades mentais, indiferentemente ao conteúdo ao qual queiramos nos referir. O fato é que nunca foi tão fácil produzir conteúdo e difundi-lo como no período em que vivemos. A tecnologia nos deu os meios necessários tanto para a sua geração como para sua captura e consequente disseminação.

Todos nós somos potenciais difusores dos acontecimentos, indiscriminadamente. Podemos nos engajar na transmissão de qualquer assunto por meio de imagens, de áudio, de texto ou tudo combinado. As redes sociais são exemplos claros dessa condição. Os celulares também. E a tendência, com o aprimoramento da infraestrutura para transmissão de dados, é o surgimento de uma infinidade de outros aparelhos e maneiras virtuais de nos relacionarmos, capazes de melhorar nossa comunicação em suas diversas formas.

Neste ponto, é bom lembrar, a tecnologia apenas facilitou nossos meios de comunicação. Como seres humanos, trocamos informações intensamente desde o nosso surgimento. A dinâmica com que fazemos isso é que se altera ao longo dos séculos; e ela vai continuar em permanente modificação. Daqui a vinte, cinquenta, cem anos, utilizaremos outros meios de comunicação, é bem certo, mas pela natureza impermanente das tecnologias, com certeza, as mudanças serão mais velozes.

Obviamente, com formas tão distintas de nos comunicar, surgiram situações ainda não vividas, merecedoras de uma atenção especial. É o caso da Exteligência, uma questão típica de nosso tempo.

O conhecimento adjacente, externo às nossas faculdades mentais, só tende a aumentar, e isso impacta diretamente nossa constituição como ser humano. Quanto maior for a presença da Exteligência em nosso cotidiano, menor será a presença da inteligência. Precisamos superar esse paradigma para continuarmos saudáveis e ativos.

> A Exteligência é toda a informação armazenada e disponibilizada fora de nosso cérebro. Por se encontrar além de nosso corpo, ela não gera energia para o funcionamento de nossas conexões cerebrais.

Como nosso cérebro se autorregula independentemente de nossa vontade ou determinação, ele só estabelece sinapses a partir das informações inseridas nele. Portanto, nossas ideias só vão surgir ao armazenarmos conteúdo em uma relação direta de causa e efeito.

Sendo assim, temos de ter em perspectiva o fato de haver duas maneiras, de acordo com a literatura médica, pelas quais adquirimos e, consequentemente, armazenamos informações: a *memória de procedimento* e a *memória declarativa*. Elas são distintas entre si, e o cérebro se mobiliza e funciona de formas diferentes quando as usamos.

Ações repetitivas, como escovar os dentes, caminhar ou uma atividade profissional em uma linha de produção industrial, são atos memorizados por nossa memória de procedimento. Eles estão ligados à nossa habilidade de aprender uma atividade de padrão repetitivo. Essa capacidade independe da nossa consciência.

Já a memória declarativa é acionada por sentidos e processos internos do cérebro ligados à nossa capacidade criativa, de associar dados, inferir conclusões, bem como deduzir situações a partir da análise dos fatos disponibilizados. Nossos sentidos de ouvir, falar e ver ativam essas memórias.

Por meio das memórias declarativas, nos lembramos do que vivemos e aprendemos, e temos a capacidade de ensinar e transmitir nossos saberes e valores.

A Exteligência, por sua vez, desafia o desenvolvimento de nosso cérebro como um todo, mas afeta diretamente nossa memória, em especial a identificada como declarativa. Por isso, é importante mantermos nosso cérebro nutrido de acordo com os meios adequados — os estímulos corretos para essa nutrição, que são muitos, vão desde a importância de ler à necessidade de expressar nossos sentimentos por meio da escrita. Passam pelas atividades físicas regulares e pela alimentação balanceada; por ouvir música e dançar; bem como ter tempo para relaxar, encontrar os amigos e garantir boas noites de sono.

A esta lista, temos de incluir a importância de encontrar contentamento nas atividades profissionais desempenhadas. O trabalho regula uma rotina saudável de vida. Precisamos nos sentir produtivos e percebermos um sentido mais abrangente em nossa rotina diária de atividades.

Contudo, infelizmente, temos relegado a segundo plano o processo formal de nutrir nosso cérebro com as informações e atividades necessárias. Muito disso decorre de certa incapacidade em administrar a gigantesca quantidade de informação produzida pela tecnologia — que constitui a Exteligência e, por sua vez, consolida um cenário no qual a inteligência humana se reduz, na medida em que ela é onipresente.

> Na sociedade pós-digital, como conseguiremos nos manter interessados em assimilar conteúdos novos?
>
> Como continuaremos a embarcar conhecimento em nosso cérebro, nos mantendo instigados pelo desconhecido, interessados e curiosos por novos saberes?
>
> Nesses tempos de radicais transformações sociais, comportamentais e econômicas, o desafio é manter o desenvolvimento da inteligência humana.

Neste cenário, precisamos ficar atentos a uma atitude extremamente corriqueira, que aparenta não ter maiores implicações.

Aos poucos, temos deixado de nos preocupar com datas, informações de efemérides e afins, porque temos a prática de procurar no Google a resposta para quase todas as nossas dúvidas. *Se não sei algo, procuro no Google e imediatamente obtenho a resposta. Estarei informado.* Esse comportamento está sendo visto indiscriminadamente.

Em certa ocasião, no *reality show O Aprendiz*, programa de televisão apresentado por Roberto Justus, um dos participantes usou desse comportamento para responder a um questionamento do apresentador, que estava exasperado com o desconhecimento do candidato. Ao perceber a irritação de Justus, o rapaz imediatamente o questionou: "Para que eu preciso ter essa informação na minha cabeça, se posso consultá-la a qualquer momento no Google?"

É evidente o quanto essa ferramenta de busca é útil, e a ideia de encontrar uma infinidade de respostas e saberes com um simples comando é extremamente excitante. Para dizer o mínimo, facilita muito as nossas vidas. Mas essa ferramenta deve ser vista como ela é, um instrumento de auxílio, de simples consulta para respostas objetivas, e deve ser entendida apenas como o princípio de uma investigação que necessita ser muito mais ampla e profunda. O mal nessa dinâmica — se é que podemos adjetivar esse comportamento de forma maléfica — reside no fato de que, paulatinamente, as pessoas desvalorizam a importância de embarcar determinados conhecimentos em seu cérebro, principalmente aqueles já mencionados, como datas, locais e acontecimentos relevantes.

Como o cérebro é um órgão plástico, que se adapta às diversas etapas de nossa vida, deixamos de usar determinadas de suas funções e, com isso, desenvolvemos outras atitudes e outro jeito de ser.

É preciso deixar claro que, com essa afirmação, não emito um juízo de valor para demonizar um comportamento. Destaco, contudo, uma condição para evidenciar que, como toda e qualquer atitude, ela terá consequências. É uma relação direta de causa e efeito, e ainda não temos a dimensão de como as implicações do maior uso da Exteligência, em detrimento da inteligência, afetarão nossas vidas.

Com isso, todos temos de realizar um esforço adicional para quebrar um ciclo limitante de desenvolvimento. Algo, inclusive, capaz de representar uma involução em nossa capacidade de raciocínio.

Temos de garantir, principalmente às futuras gerações, a continuidade da elaboração de sinapse por meio da assimilação do conhecimento, da introjeção do saber. O conhecimento externo ao nosso cérebro não é nosso — e, em certa medida, não nos leva a lugar algum.

Nesta era de transição e criação de novos paradigmas existenciais, começamos a enfrentar uma fase de indigência cognitiva. É crescente a quantidade de pessoas buscando respostas fáceis e simplistas; textos complexos e livros são cada vez menos lidos; qualquer absorção de conteúdo mais elaborado é descartada. E esta não é característica de um país em específico, e sim uma condição disseminada por todos os continentes.

Ao invés de procurar uma leitura adequada, assegurando tempo para a assimilação de seu conteúdo, encontrando novas referências e novos autores sobre o tema em questão, tornou-se hábito fazer uma "varredura" dos textos, principalmente de conteúdos elaborados para serem vinculados em meios eletrônicos. Muitos têm se informado, prioritariamente, por tuítes. E, mesmo com essa conduta equivocada, essas pessoas ainda têm a pretensa sensação de dominarem os assuntos de seu interesse.

DEMOCRACIA DA EDUCAÇÃO

O surgimento da Exteligência por si deveria ser celebrado com algo fenomenal. Imagine que todo o acervo, por exemplo, da Biblioteca do Congresso Americano (inaugurada em 24 de abril de 1800 e considerada a instituição cultural mais antiga dos Estados Unidos) está liberado para a consulta de qualquer pessoa, em qualquer parte do mundo.

Por meio de um computador e uma conexão à internet, é possível consultar os seus mais de 155 milhões de itens catalogados, entre livros, manuscritos, jornais, revistas, vídeos, mapas e afins. Isso é revolucionário. É a verdadeira democratização da educação e um incentivo para o aprendizado e a valorização da meritocracia, do empenho e do esforço para se obter conhecimento.

Agora, potencialize essa pesquisa quando temos em mente o conteúdo existente, praticamente incalculável, disponível na internet. Seguindo números recentes, existem cerca de 80 trilhões de páginas de web com informação disponível para qualquer pessoa, a qualquer hora.

A Exteligência — todo esse conhecimento externo — deveria ser vista como um potencial para somar à nossa formação; não como algo que veio para subtrair, mas como um conteúdo disponível para adicionar. Podemos usar esse potencial, com método e foco, para ampliar nossa inteligência. Com certeza, este é um desafio.

> A Exteligência é uma das coisas mais espetaculares do mundo. Ela é uma rede de conhecimento formada por toda a cultura existente, reunida em um só lugar, possível de ser acessada como nunca.

Por todos os lados, podemos ver a possibilidade de um uso benéfico da Exteligência. Em termos explicativos, tenhamos em mente uma consulta médica.

Imagine que ao fazer uma ressonância magnética, por meio da Inteligência Artificial, meu médico terá capacidade de gerar um diagnóstico muito mais preciso, a partir do momento que a tecnologia é capaz de gerar um comparativo entre o resultado de meu exame e milhões de outras ressonâncias feitas mundo afora. Assim, a perspectiva de se fazer um diagnóstico, e o consequente prognóstico, mais correto é infinitamente superior se compararmos às condições analógicas até então existentes para a análise das imagens. Isso devolve humanidade ao tratamento médico e abre espaço para se estabelecer um diálogo mais cuidadoso entre os profissionais de saúde e os pacientes.

> O avanço da tecnologia em suas diversas formas devolve humanidade às pessoas.

Outro exemplo da conquista de nossa humanidade será notado quando surgirem os automóveis autônomos. Eles não virão para o mercado para roubar o emprego dos motoristas. Pelo contrário, eles vão oferecer a possibilidade de acrescentarmos tempo aos nossos compromissos diários.

Como não será mais necessário dirigir, poderemos usar o tempo de locomoção para, confortavelmente, sentados no banco de trás do carro, estudarmos, lermos, assistirmos a filmes, fazermos ligações, namorarmos. Tudo isso em segurança, com o carro em movimento, sem desrespeitar nenhuma das regras de trânsito.

O avanço da tecnologia, principalmente nas questões de trabalho, vai gerar um forte impacto para os profissionais que atuam de forma mais operacional, em ações repetitivas, que têm empregos com tarefas mais mecânicas. É preciso considerar, porém, que essa categoria de trabalho, de certa forma, já é o indicativo da existência do autômato humano.

Devido à necessidade da repetição em suas atividades, esse profissional limita-se a desempenhar um ofício, em tese, mais afeito às máquinas. Por isso, a tecnologia é um meio de libertação para essas pessoas conquistarem novas chances de emprego e investirem na melhora de sua formação educacional.

Essa mudança requer esforço, mas esse empenho se revelará positivo na conquista da humanidade de cada um.

> No fundo, temos de entender que talvez, sim, percamos nossa função para as máquinas se não reconhecermos que nossa missão é a de reconquistar nossa humanidade. Precisamos ser mais humanos, e a tecnologia nos permite essa vivência.

Ao ser humano, está resguardado o sonho, o uso da imaginação, o pensamento do impossível, o desenvolvimento de ações criativas. Para isso, o contínuo aprimoramento da inteligência, com o embarque em nosso cérebro do maior volume possível de informação, é fundamental.

Um dia, desejamos chegar até a Lua. Esse desejo construiu parte significativa de nossa conquista do espaço e estruturou diversas tecnologias e ferramentas para chegarmos até o solo lunar. Conseguimos realizar esse sonho. De lá, vimos a beleza da Terra, sua forma arredondada e seu azul intenso. De fato, "um pequeno passo para o homem, mas um gigantesco salto para a humanidade", como disse o astronauta Neil Armstrong, em sua missão lunar.

Se essa rede de conhecimento chamada Exteligência e o uso da Inteligência Artificial já existissem em 1969, certamente, teríamos chegado à Lua de maneira bem mais rápida, econômica e segura. Mas é importante destacar que nenhuma dessas evoluções tecnológicas teria imaginado ir à Lua, em primeiro lugar. A imaginação, a vontade de realizar, é uma missão humana relacionada à nossa capacidade de sonhar, e ela existe a partir da inteligência, não da Exteligência.

Se voltarmos ainda mais no tempo, encontraremos nossos sonhos e desejos por desbravar os mares durante o século XVI. O Novo Mundo, do qual fazemos parte, começou a ser constituído quando os portugueses, espanhóis e ingleses desejaram ampliar suas fronteiras geográficas e planejaram conquistar novos territórios.

A busca pelo incerto e a imaginação para realizar as travessias oceânicas exploraram a Terra e constituíram nossa organização geográfica como a conhecemos. Com o avanço tecnológico, vivemos algo semelhante. Cabe a cada um de nós entender a irreversibilidade de alguns fatos e dar espaço para desenvolvermos nossa humanidade.

Por outro lado, se continuarmos nos condicionando a não aprofundar nossa leitura e, portanto, diminuindo nosso potencial de reflexão e elaboração, aos poucos, é como se nos transformássemos em *scanners* humanos, rápidos e superficiais, em busca constante do simples e com desprezo pelo complexo. Devemos reverter essa situação o quanto antes.

Precisamos nos lembrar sempre de que referência gera repertório, que, por sua vez, gera *insights* e pensamentos. Esse ciclo de alimentação nos torna melhores e mais preparados para lidarmos com nossas inquietações e com os dilemas e desafios de nosso cotidiano. Sem o combustível do conhecimento embarcado, não vamos longe. Sua perda gradativa nos emburrece.

Existem três fases na geração de ideias e insights.

1 **Captação da Informação:** uma fase caótica e variada que busca tudo o que gerar sinapse em relação àquele assunto. O mundo é esse local de geração do caos. A todo instante, os acontecimentos estão se sucedendo, e estamos gerando conteúdo. Como no exercício de uma curadoria, temos de selecionar, captar o que nos interessa para o processo de elaboração das ideias, em suas demais fases.

2 **Incubação:** momento no qual todas as informações começam a se cruzar e a fertilizar de maneira "promíscua". Esta é a etapa das inferências, da ligação dos pontos, de conexão com o nosso repertório já embarcado.

3 **Iluminação:** quando aquele "sexo grupal" das informações rende "filhotes" de *insights*, que se unem em torno de uma ideia, tese ou causa. É a fase que dá o sentido final às demais. É momento no qual vamos expressar nossos pensamentos, compartilhá-los com o mundo, nosso público de relacionamento e interesse.

Lembre-se: as ideias são como os gatos, não como os cachorros. Elas vêm quando querem, não quando são chamadas. Mas, seja como for, só virão a partir de sinapses geradas pelos conteúdos armazenados em nossas cabeças.

A REVOLUÇÃO É HUMANA, NÃO TECNOLÓGICA

Como sociedade, precisamos utilizar os avanços tecnológicos para reverter alguns cenários de completo descaso e abandono social. Tome como exemplo a persistente presença do analfabetismo no Brasil em pleno século XXI. De acordo com o Instituto Brasileiro de Geografia e Estatística (IBGE), o país, na segunda década deste século, ainda ostentava a marca de mais de 10 milhões analfabetos.

Em plena era de democratização do acesso à informação, como ainda podemos ostentar um indicador dessa natureza? Esta é uma situação completamente contraditória, sobretudo se entendermos que as pessoas têm acesso a meios educacionais online para reverter essa condição em suas vidas.

O mundo digital espalha o conhecimento, mas, para obtê-lo, é preciso certo esforço. A conquista nesses novos tempos não vai se originar por meio da tutela de um Estado forte. Esta era valoriza o fazer, a ousadia e a criatividade. Essa forma de estar no mundo, definitivamente, rompe com padrões que vigoraram séculos atrás.

Já vivemos períodos completamente contrários a essa maneira de agir, a exemplo da organização social da Idade Média, quando o conhecimento era limitado a poucos e quem o detinha pertencia às castas privilegiadas, à elite. O povo estava apartado do conhecimento formal, e o analfabetismo era fator de extrema preponderância para esse acontecimento.

Naquelas circunstâncias, o conhecimento era retransmitido de forma oral e essa condição perdurou ao longo dos séculos. Perdura, ainda, em algumas localidades, como nos mostra a quantidade de analfabetos brasileiros. Mas, volto a insistir, a tecnologia é uma relevante aliada para revertemos esse quadro.

Precisamos também reconhecer que, historicamente, houve épocas de muita valorização do conhecimento, como na capital do Reino Unido, Londres, durante o século XVII, quando as pessoas compravam bilhetes em uma espécie de loteria, tentando a sorte para conseguir, como prêmio, contato direto com os cientistas da The Royal Society.

Essa loteria londrina premiava seus vencedores com conhecimento, com a possibilidade de, por sete dias, colocar seus ganhadores em contato com documentos importantes, literatura variada, entre outras obras de estudo significativas.

Ironicamente, temos hoje, como figura de linguagem, uma verdadeira Biblioteca de Alexandria em nosso bolso, representada por nossos smartphones, e cometemos o crime de não aproveitar todo o potencial dessa conquista como instrumento para a aquisição do saber. Por isso, reforço: a Exteligência deve resultar em um processo de adição, e não de substituição, à nossa inteligência. Devemos agregá-la à nossa capacidade de raciocínio, aos nossos processos de memorização, ao desenvolvimento de nosso cérebro.

Por hábito, as pessoas utilizam a internet, prioritariamente, para acessar entretenimento. O acesso a material educativo, em comparação, é ínfimo. No Brasil, alguns cálculos não precisos indicam que cerca de 80% de tudo que é consumido na internet é puro entretenimento banal e supérfluo. Nesse sentido, há um verdadeiro desperdício do potencial cultural e educativo.

Esse revolucionário meio de comunicação criado, inclusive, com a finalidade de facilitar a comunicação entre laboratórios de pesquisas de universidades nos Estados Unidos, a partir de 1969, é simplesmente utilizado de maneira displicente.

Estabelecemos uma relação biunívoca entre superficialidade e velocidade, criando um simulacro de uma situação esquizofrênica. De forma instantânea, temos acesso a qualquer conteúdo, mas a velocidade empreendida para obtê-lo e consultá-lo é a mesma empregada para esquecê-lo. Ao ser eficiente em sua entrega, a internet acaba com a frustração, considerada por estudiosos a verdadeira matéria-prima da curiosidade.

Antigamente, quando não tínhamos essa facilidade para encontrar informações, precisávamos nos esforçar mais; assim, valorizávamos a descoberta do conteúdo desejado, devido ao caminho para chegar até ele. A sensação de haver algo aparentemente inacessível nos move como desafio, o que é inerente à nossa natureza. Mas, atualmente, o uso indiscriminado da tecnologia subtrai as barreiras e dificuldades entre as pessoas e a informação.

De certa forma, a internet é o spoiler da curiosidade. Por isso, em um dos períodos da história humana em que mais podemos adquirir conhecimento, vivemos uma situação ambivalente, por ser exatamente o momento que menos o queremos.

Indiscutivelmente, com a disseminação tecnológica, temos grandes desafios à nossa frente. A Inteligência Artificial, as ferramentas de Big Data, a capacidade exponencial de análise dos computadores e o incremento do uso de algoritmos são um caminho sem volta que terá de ser mais bem entendido e estudado. Com certeza, surgirão diversas questões negativas que precisarão ser corrigidas ou adaptadas para tirarmos o melhor proveito dessas ferramentas. Haverá erros, mas sua quantidade será ínfima quando comparada às infinitas possibilidades oferecidas pelos avanços tecnológicos.

A tecnologia não será nosso Armagedom. Não entraremos em um mundo apocalíptico repleto de tragédia e atraso — pelo contrário, nossa capacidade de aprendizagem é potencializada quando utilizamos esses dispositivos de forma adequada. Teremos mais transparência nas políticas públicas e ações dos governos, as fronteiras geopolíticas serão redefinidas e a possibilidade de crescimento econômico pelo incremento da relação de consumo e produção de bens será infinitamente maior. Haverá, inclusive, mais vagas de trabalho, porque as empresas poderão efetuar contratações em escala global.

Nós já vimos isso acontecer, de certa maneira, à época do surgimento da Revolução Industrial, quando, por exemplo, os tecelões, gradualmente, foram sendo substituídos por máquinas de tecelagem. Uma profissão, até então, totalmente estabelecida, aos poucos, foi completamente modificada pelo advento das máquinas, pela aplicação da tecnologia pertinente àquele período histórico.

Aquela condição gerou perda de emprego, devido à transformação no modelo de produção do setor, saindo da manufatura para a industrialização. Mas, aos poucos, as iniquidades sociais foram solucionadas; novas vagas de trabalho surgiram; tecelões experientes se adequaram, encontraram seus espaços de atuação. E, especificamente nessa área, houve prosperidade, em decorrência daqueles então novos tempos.

A escala de produção de vestuário aumentou, criando novos ofícios; como consequência dessa condição, geraram-se mais conforto e comodidade às pessoas, pois elas tiveram a possibilidade de aumentar seu guarda-roupa mediante a produção de mais itens do vestuário.

O mundo de nossas relações sociais, profissionais e ambientais está se redefinindo. Estamos em uma fase de transição de Era, e isso gera incertezas e visões negativas sobre o desconhecido — visões estas traduzidas brilhantemente pela literatura, pela produção cinematográfica e teatral. Mas é importante não perdemos a perspectiva dos ganhos possíveis a partir de contextos distintos, nunca experimentados.

Como humanidade, vamos dispor de ferramentas inimagináveis há poucos anos. Principalmente, instrumentos de comunicação.

> A tecnologia da informação
> é transformadora.

A despeito do mau uso, em alguns momentos, de formas contemporâneas para nos comunicarmos, nunca tivemos tantos caminhos para nos aproximar do outro, e não só virtualmente. Essa aproximação até pode ser iniciada a distância, por intermédio de alguma máquina, mas nada impede que esse relacionamento, independentemente de sua natureza, evolua para o contato não virtual.

Assim como é significativo refletir sobre os aspectos negativos inerentes a tudo que fazemos, precisamos dimensionar os ganhos do mundo pós-digital de forma objetiva, madura, reconhecendo que, a cada passo dado em direção a essa sociedade, temos de considerar seus aspectos negativos, a fim de equacioná-los o quanto antes e garantirmos o pleno desenvolvimento social a todos, para que possamos usufruir, ao máximo, de tudo que nos está sendo apresentado pela ciência. Essa condição reforça a necessidade do entendimento das tendências do Trilema Digital. E não nos esqueçamos de nossa dimensão humana, como tão bem dito pela letra da música "Tendo a Lua", dos Paralamas do Sucesso:

> "(...) Tendo a lua aquela gravidade aonde o homem flutua
> Merecia a visita não de militares,
> Mas de bailarinos
> E de você e eu.
> O céu de Ícaro tem mais poesia do que o de Galileu (...)"

CAPÍTULO 2

VIVEMOS EM UM MUNDO REPLETO DE DISTRAÇÃO

"A riqueza de informação cria pobreza de atenção e, com ela, a necessidade de alocar a atenção de maneira eficiente em meio à abundância de fontes informativas disponíveis."

– HERBERT SIMON, *economista*

É cada vez mais desnecessário adjetivar nossa sociedade como tecnológica, porque a tecnologia, como a conhecemos e a desenvolvemos, está inserida em todos os nossos aspectos sociais; portanto, essa distinção inexiste. Ela não está mais restrita a um ambiente ou disponível para alguns poucos escolhidos. Ela se tornou, indiscriminadamente, parte essencial de nossas organizações sociais, de nossa vida, transformando estruturalmente todas as nossas relações — e a perspectiva é a de um aprofundamento dessas mudanças. Ou seja, falar em tecnologia é falar em sociedade. Estamos caminhando para uma inversão em nossa forma de pensar e expressar esse assunto. Em breve, chegará o momento em que utilizaremos a expressão *quando vivíamos em uma sociedade analógica*.

As tecnologias da informação e da comunicação, de maneira geral, são pilares para esse processo de mudança, que é multidimensional, multifatorial e alicerça um novo paradigma existencial. Com isso, não me refiro ao surgimento de equipamentos sofisticados, este não é necessariamente o caso. Obviamente, os equipamentos que estamos produzindo são mais elaborados quando comparados a seus similares de séculos passados, mas nossa evolução não ocorre exatamente pelo objeto em si, mas pela maneira como os utilizamos em nossas atividades cotidianas mais triviais, como o ato de acordar, por exemplo.

Nos centros urbanos, não despertamos necessariamente ao raiar do sol, com a cantoria de pássaros ou dos galos, ou com o som dos despertadores e rádio-relógios, objetos que um dia foram tão populares em nossos criados-mudos. Os smartphones substituíram essas formas de nos despertar, e, como exemplo de objeto desses novos tempos, sua função é múltipla.

Vale reforçar que, na contemporaneidade, os objetos deixaram de ter funções únicas, destinadas à realização de apenas uma atividade. Steve Jobs, no lançamento do primeiro iPhone, em 2007, preconizou esse fato. Ali, foi como se tivéssemos presenciado o aparecimento de um protótipo de aparelho referencial.

A partir da criação de um telefone com múltiplas funções, nos permitimos ressignificar os demais objetos. Daí, impulsionados pela tecnologia, começamos a ver surgir geladeiras que organizam a lista de compras de alimentos; ecossistemas de voz, como Alexa, da Amazon, capazes de programar diversas ações em nossas casas, como o acionamento de luzes, a abertura e o fechamento de portas; fechaduras capazes de fazer o reconhecimento da íris de nossos olhos para permitir ou negar acesso a recintos, entre tantas outras modificações.

Tudo aconteceu de forma tão rápida, em pouco mais de uma década — afinal, só completaremos 20 anos do lançamento do primeiro iPhone em 2027.

Por isso, quando percebemos que os smartphones munidos de determinados aplicativos são capazes de controlar nossa qualidade de sono, elaborando estatística de nosso repouso e nos sugerindo a hora de dormir e acordar, se quisermos estabelecer uma quantidade específica de horas descansadas, vale a pena nos questionar sobre quem ou o que determina a formação da sociedade. Para mim, essa questão é muito clara.

Somos nós, as pessoas, que determinamos o uso da tecnologia em nossa sociedade.

A partir de nossa necessidade, de nossas referências, de nossas vivências, decidimos como utilizar os avanços tecnológicos. Quando toda a informação que nos cerca é transformada por nosso uso tecnológico, geramos o contexto para o desenvolvimento socioeconômico, determinamos novas competências profissionais, estabelecemos novas formas de nos relacionar sem a distinção do mundo offline e online. É um processo de retroalimentação contínua. Quanto mais inserimos em a tecnologia nossas vidas e a utilizarmos de acordo com nossos interesses, criamos mais possibilidades para seu uso. Mas isso não quer dizer que não tenhamos de estar preocupados com essa utilização. Principalmente, com o seu uso intenso.

SEMPRE CONECTADOS

Com o passar dos anos mais recentes, são cada vez mais evidentes as diversas modificações em nosso comportamento social — não precisa ser nenhum expoente de análise comportamental para denotar tais mudanças. Uma rápida caminhada pelas ruas de qualquer grande cidade, com um olhar um pouco mais atento ao outro, nos mostra o quanto estamos agindo de forma distinta. Algumas pessoas, em determinadas ocasiões, estão tão conectadas a seus mundos virtuais que, para elas, a existência do contexto que as cerca parece inexistir. A visão projetada é a de um bando de zumbis absortos por um aparelho em suas mãos e desligados do entorno.

Há diversas explicações para esse comportamento de aparente indiferença. Algumas linhas de pesquisa chamam atenção devido à extensão de seus resultados. Para certos pesquisadores, as redes sociais viciam e, consequentemente, geram graves implicações à nossa saúde, pois o seu uso descontrolado, como um vício, pode acarretar privação de sono, isolamento social, baixo desempenho em atividades escolares e/ou profissionais, entre outros sintomas. Esses fatores são detalhados no trabalho de análise conjunta realizado entre neurocientistas da University of Southern California e da Beijing Normal University, divulgados pelo *Psychological Reports*, uma publicação acadêmica bimestral referência em estudos da psicologia e da psiquiatria.

É importante ressaltar que esse estudo o qual menciono não é um trabalho isolado. Há diversas investigações acadêmicas relacionando o uso das redes sociais a um comportamento compulsivo, viciante. A todo o momento, surgem indícios de atenção para com a presença das redes sociais em nosso cotidiano.

Em seu livro *The Narcissism Epidemic*, Jean Twenge, professora de psicologia da Universidade de San Diego, especialista em diferenças geracionais, é categórica ao afirmar a ligação entre o uso exagerado da internet, mais especificamente das redes sociais, e o aumento dos indicadores de depressão e ansiedade em todo o mundo, síndromes caracterizadas pela Organização Mundial da Saúde (OMS) como o "mal do século".

Algumas pessoas até entendem o mal que estão causando a si pelo descontrole desse uso em suas vidas, mas, independentemente desse reconhecimento, são incapazes de evitá-lo.

Esse comportamento, apesar de não discriminar faixa etária, tem sido cada vez mais presente entre crianças e adolescentes usuários da rede. Um dos motivos é o tempo de uso ao qual elas se submetem, aliado à fase de desenvolvimento físico e emocional pelas quais estão passando.

Nos Estados Unidos, estudos de instituições educacionais como Stanford advertem sobre o fato de os adolescentes norte-americanos utilizarem, em demasia, ao longo do dia, algum tipo de tecnologia. Por lá, em 2019, o uso médio era de nove horas. Apesar de esse tempo ser considerado muito alto, é preciso ponderar que ele ainda pode ser bem maior.

À época do levantamento, a metodologia da pesquisa desconsiderou o acesso desses jovens à internet ou o uso de aplicativos específicos durante o período escolar, momento no qual eles também estão conectados ao mundo virtual. Assim, o total de tempo em atividades online pode superar 11 horas diárias.

Ao considerarmos nessa equação nossa necessidade de dormir, digamos, por 8 horas ao longo das 24 horas de um dia, esses adolescentes, quando despertos, só estariam longe das redes sociais, dos posts, dos comentários de fotografia, dos jogos eletrônicos e afins entre cinco e sete horas. Na prática, esse tempo pode ser bem mais exíguo. Mas esta não é uma condição exclusiva da juventude norte-americana.

Além do fato em si, devemos avaliar não somente o que fazemos como também o que deixamos de fazer. A leitura, por exemplo, foi deixada de lado. A superficialidade das redes sociais tomou o lugar da profundidade temática de qualquer outro meio. Estamos consumindo cada vez mais de cada vez menos, gerando uma sociedade crescentemente supérflua, hedonista e limitada.

No Brasil, nossa juventude (e os adultos também) já superou há muitos anos as nove horas ligadas à rede mundial de computadores, condição essa que, em 2020, nos colocava como um dos cinco países com mais tempo de uso de internet no mundo. Algo extremamente significativo se considerarmos a precariedade de nossa educação pública, em que a maioria de nossa população está inserida. Se temos uma formação educacional de baixa qualidade, como sociedade, como fazemos o uso desse tempo virtual?

Algumas estatísticas dimensionam esse uso e reforçam a redundância de chamarmos nossa sociedade de tecnológica. Em termos globais, 52,63% da população mundial (4 bilhões de pessoas) acessavam a internet entre 2018 e 2019. Especificamente na América Latina, éramos 215 milhões de internautas.

Por sua vez, no Brasil, de acordo com o Instituto Brasileiro de Geografia e Estatística, (IBGE), em 2018, havia 120 milhões de brasileiros ativos na internet; e, entre os dez sites mais acessados por essa quantidade gigantesca de pessoas, cinco eram redes sociais.

Evidentemente, rankings dessa natureza variam com o passar do tempo. Nossa localização nesses levantamentos vai se modificar. Porém, mais importante do que a posição em si, é a necessidade de termos a clareza de que, como nação, utilizamos intensamente as redes sociais e isso nos afeta socialmente. Essa condição não é achismo. O brasileiro gosta da virtualidade da vida, por isso temos de dimensionar esse fato da maneira devida, porque tal comportamento impacta não só nossa organização social, mas também nossa estrutura biológica.

Não à toa, especialistas (neurocientistas, psicólogos e pediatras em particular) se mostram tão preocupados com a intensa exposição às mídias online. Essa interação molda nosso cérebro, reconfigura seu funcionamento e ativa algumas áreas em detrimento de outras. Tal condição é grave, especialmente no caso de crianças e adolescentes.

Como não houve, em gerações passadas, comportamento semelhante ao registrado por essa faixa etária no século XXI, ainda não se pode precisar quais serão, efetivamente, os efeitos causados no cérebro dos jovens. Contudo, há hipóteses. Uma delas é a de que, sim, esse comportamento pode nos emburrecer. Porém é importante ressaltar que qualquer afirmação nesse sentido não é conclusiva, nem deve ser vista como determinante, tampouco fatalista. Ainda estamos mapeando a extensão da relação entre nossa cognição e os meios digitais (e todas as suas facilidades), mas não podemos fazer afirmações definitivas sobre esse tema.

FASE DE EVOLUÇÃO

Formalmente, em inglês, nosso uso de diversos dispositivos eletrônicos, sobretudo quando o fazemos ao mesmo tempo, é chamado de *media multitasking*, expressão possível de ser traduzida para o português como "uso multitarefa de mídias". Em testes cognitivos, as pessoas caracterizadas nesse comportamento como *heavy users* (usuários intensos) apresentaram os piores resultados quando comparados a quem não utiliza as mídias online com tanta frequência.

A atenção e a memória são duas áreas fortemente impactadas. A exposição contínua aos estímulos externos gerados por essas mídias, entre outros efeitos sobre nosso cérebro, nos provoca:

▶ **Redução de nossa capacidade de memorização.**

▷ Dificuldade em separar informações relevantes das irrelevantes.

▷ Estímulo às atitudes impulsivas.

▷ Falta de empatia com o outro.

E mais, nos estudos conduzidos por algumas instituições de ensino norte-americanas, ficou demonstrado que os participantes *heavy users* desistiam mais facilmente da realização de suas tarefas. Alguns, inclusive, foram incapazes de atingir os objetivos estipulados como meta. Entretanto, todos os resultados encontrados são "prematuros", como ressalta o PhD Anthony Wagner, professor de psicologia da Universidade Stanford, um dos pioneiros nesses levantamentos. Em publicações universitárias, ele é cauteloso sobre o tema:

> *Eu nunca diria a ninguém que os dados mostram inequivocamente que o uso intenso de diversas mídias causa uma mudança na atenção e na memória. Isso seria prematuro. Mas, dito isto, esse comportamento multitarefa não é eficiente. Há custos de troca de tarefas. Então, isso pode ser um argumento significativo para diminuirmos nossa atitude multitarefa de interação com essas mídias."*

Aqui, pelo Brasil, nós também temos alguns estudiosos refletindo sobre esse tema em seus trabalhos acadêmicos, caso do neurocientista Sidarta Ribeiro, vice-diretor do Instituto do Cérebro da Universidade Federal do Rio Grande do Norte. Em diversas de suas falas, para a mídia, ele ressalta o quão "fascinante" é esse assunto, principalmente por, de acordo com ele, estarmos em uma "fase de evolução".

Há alguns anos, quando questionado para matéria sobre esse tema publicado pelo jornal *Folha de S.Paulo*, Sidarta ressaltou: "Já somos ciborgues. Estamos terceirizando memórias de trabalho, cálculos, gramáticas, entre outros conhecimentos." E esse é o aspecto formal da expansão da Exteligência, como mencionado no capítulo anterior.

Como sociedade, temos uma intensa difusão da oferta de informação pelos meios tecnológicos. Esta é uma situação crescente e ilimitada, mas esse fato criou uma contradição, estabelecendo um paradigma a ser superado. Apesar de termos, coletivamente, mais informação disponível, como indivíduos, estamos desperdiçando a circulação desse conhecimento. Não o absorvemos. Não o retemos. Ele existe como um saber externo à pessoa e tal condição provoca uma estagnação de nossa inteligência. O problema é:

> Sem informação armazenada, embarcada em nosso cérebro, os neurônios não fazem sinapse. Não fazendo sinapse, não há criatividade ou geração de insights. Essa condição propaga a Exteligência e limita a inteligência. Ou seja, quanto maior for a presença da Exteligência em nosso cotidiano, menor será a presença da inteligência.

Essa reflexão me leva a evidenciar a fase de indigência cognitiva que estamos vivendo. As pessoas, cada vez mais, buscam respostas fáceis e simplistas para os diferentes assuntos, comportamento que reflete o desvirtuamento da nossa atenção, do pouco foco e da tibieza de empenho resultantes da maneira como entramos em contato com a profusão de informação oferecida atualmente. É como se não conseguíssemos mais vivenciar "o desafio de uma folha de papel em branco".

Venho de uma formação na área publicitária. No início da minha carreira, em meados dos anos 1970, como publicitário, um dos nossos maiores desafios profissionais era nos depararmos com as infinitas possibilidades de criação de um texto, de uma peça publicitária, a partir de uma folha em branco.

Naqueles anos, não havia escapatória: ou tínhamos um conteúdo consistente de informação armazenada em nosso cérebro para, a partir dele, criarmos algo, ou aquela página em branco continuaria intacta diante de nossos olhos indefinidamente.

Aliás, esse desafio é de uma série de setores nos quais o exercício da criatividade é requisito para o desempenho das atividades profissionais. Quem tem de criar textos, imagens e estratégias precisa de conhecimento embarcado para encontrar as soluções adequadas às suas tarefas; precisa de seu repertório de vida e intelectual para produzir. Mas hoje esse processo vem mudando gradativamente (e drasticamente). Como é crescente a quantidade de pessoas sem o devido conhecimento embarcado, o processo criativo acontece a partir de referências externas, que nos geram inferências.

O mundo ao redor está sendo observado de maneira lobotomizada à espera de um estímulo para gerar uma ideia. Em uma figura de linguagem, é como se nos tornássemos personagens de Bram Stoker — vampiros que sugam tudo ao redor.

Se antes as inferências eram realizadas a partir de referências internas, agora elas são geradas apenas quando o indivíduo fica acessando bancos de imagem ou textos de terceiros para permitir o início do processo criativo.

> Pensar diferente para fazer diferença passa, antes de tudo, pela qualidade do pensamento. Esta é uma matéria-prima cada vez mais rara.

Dessa maneira, vivemos uma contradição. Enquanto a Inteligência Artificial evolui cada vez mais rápido, nossa capacidade cognitiva involui. As máquinas, por meio de linguagem de protocolo comum, aprendem muito rápido, com acesso direto a toda a informação. Por outro lado, como seres humanos, diante do crescimento da Exteligência, limitamos o desenvolvimento de nossa inteligência.

De 2014 a 2016, por exemplo, a assistente pessoal Alexa adquiriu 7 mil novas funcionalidades e competências. Em contrapartida, o cérebro humano não evoluiu nada nos últimos 10 mil anos. Nesse intervalo de tempo, ele se manteve igual, mas, agora, há uma considerável diferença: o cérebro está sem seu "alimento", a informação. Por isso, é importante entendermos que o ato de nos informar decorre de nossa curiosidade; e todos nós possuímos três tipos de curiosidade:

1 **Curiosidade Diversiva:** É abrangente e superficial. Ela é estimulada por nossa necessidade de nos sentirmos no controle sobre o entorno. É quando nos questionamos: "O que está acontecendo?" Este tipo de curiosidade nos gera segurança ao sentirmos que estamos no domínio do mundo ao nosso redor.

2 **Curiosidade Empática:** É a curiosidade sobre nosso semelhante. Nela, reside a vontade de saber o que se passa com pessoas. Em outras palavras, é a origem da fofoca. Está nas situações em que nos questionamos: "Com quem está acontecendo?" A empatia é natural no gênero humano. A curiosidade empática, também.

3 **Curiosidade Epistêmica:** É a mais analítica e profunda. Ela nos move a querer saber por qual a razão as coisas e os fatos ocorrerem, e quais são as consequências. É quando queremos saber: "Por que e como as coisas acontecem?" É a curiosidade que nos leva a ver o fato como um filme e não uma foto, avaliando o que vem antes e o que vem depois.

Tome como exemplo os desastres aéreos. A queda de um avião costuma nos chamar muita atenção, devido à extensão da tragédia, e, de maneira pragmática, exemplifica esses três níveis de curiosidade.

"Um avião caiu?" É o fato que nos toma de assalto, nos gera Curiosidade Diversiva — queremos saber o que está acontecendo, em um primeiro nível da captura de nossa atenção. Ao entendermos que, sim, houve a queda de um avião, queremos imediatamente saber qual foi a companhia aérea e quantos morreram. A Curiosidade Diversiva termina aí. A seguir, pensamos nas pessoas que estavam na aeronave, em sua tripulação e nos passageiros. Nesse instante, somos movidos pela Curiosidade Empática, segundo nível de atenção, no qual conseguimos nos solidarizar com a dor dos familiares que perderam algum ente querido no acidente. Imaginamos os minutos antecedentes à queda e nos questionamos "Será que eles perceberam que o avião estava caindo?", "Deu tempo para ter medo?", "Será que eu conhecia alguém a bordo?", "O piloto tinha filhos?" e assim por diante. As questões humanas da tragédia são as que nos despertam interesse nesta segunda fase de curiosidade. Por fim, acionamos nossa Curiosidade Epistêmica, instante no qual procuramos por detalhes precisos e técnicos sobre o fato. Vamos atrás das informações mais objetivas: "Onde o avião teria caído?", "Quais os motivos da queda?", "Como a companhia aérea está prestando atendimento?", "Os serviços públicos estão agindo de forma adequada?"; e vamos além em nosso questionamento: "Por que aviões caem?", "É mais arriscado viajar de avião ou automóvel?", "Esse acidente poderia ser evitado?".

Qualquer acidente aéreo desperta tal interesse, e, muitas vezes, por se tratar de voos internacionais, a mídia dos países com cidadãos afetados pelos acontecimentos gera um extenso acompanhamento informativo.

Uma das coberturas mais longas feitas pela mídia internacional sobre a queda de um avião aconteceu após o desaparecimento do voo MH370, da Malaysia Airlines, que levava a bordo 239 passageiros e, inexplicavelmente, em 8 de março de 2014, sumiu. Esse caso é um dos maiores mistérios da história da aviação mundial.

O voo MH370 desapareceu 40 minutos após sua decolagem de Kuala Lampur, capital da Malásia, quando seguia rumo a Pequim, capital chinesa. As 239 pessoas (227 passageiros e 12 tripulantes) a bordo eram de 14 nacionalidades. As investigações indicam que o avião teria caído no extremo sul do oceano Índico.

Contudo, as equipes de investigação nunca chegaram a um consenso sobre os motivos da queda e o consequente sumiço dos destroços, mas, após toda a análise do trajeto percorrido do voo, suspeita-se de que a queda do avião aconteceu como resultado do suicídio de seu capitão, Zaharie Ahmad Shah, então com 53 anos de idade.

Zaharie teria desligado o transponder da aeronave, aparelho que indica sua localização, despressurizado a cabine de passageiros, para deixá-los inconscientes e sem condições de reação, e, na sequência, teria pilotado o avião para se chocar contra o oceano Índico.

Apesar de inconclusa, esta foi a provável tese para justificar os acontecimentos que se mantêm incertos desde 2017, ano em que os governos da Austrália, China e Malásia cancelaram oficialmente as buscas pelos destroços.

Na sociedade do mundo pós-digital, em que nos encontramos atualmente, são crescentes os níveis de Curiosidades Diversiva e Empática, mas a Curiosidade Epistêmica decresce de maneira alarmante.

Em outras palavras, a timeline do Facebook satisfaz minha Curiosidade Diversiva, já a timeline do Instagram satisfaz minha Curiosidade Empática. Sobrou, então, para a mídia tradicional informativa satisfazer a Curiosidade Epistêmica. Mas essa mídia, como setor produtivo, não percebeu tal necessidade e, em vez de estruturar fórmulas para contemplar o nível epistêmico da curiosidade humana, transformou de maneira equivocada a finalidade de seus produtos.

Jornais estão contemplado a Curiosidade Diversiva, e as revistas, a Empática; além do mais, as redações desses veículos de informação foram se juniorizando e houve uma redução de textos com profundidade temática.

A equipe de repórteres, de maneira geral, aos poucos, é substituída por jovens jornalistas recém-formados. Esses profissionais, por sua pouca idade, não têm tanto repertório e, consequentemente, têm mais dificuldade para aprofundar os temas em destaque.

Como formato de negócio, nas redações, os jornalistas seniores estão concentrados nos espaços opinativos, nas colunas, são articulistas, enquanto o reportariado é dominado pelos jovens. Esse desenho das redações prejudica uma abordagem com mais consistências dos fatos cotidianos e traz pouca criatividade para explorar as hardnews, que acabam sendo noticiadas de forma mais rápida.

A partir dessa condição, passamos a ter a sensação de que a mídia impressa não está morrendo, mas "se suicidando", pois ela pretende resolver questões dos níveis de curiosidades que, de alguma maneira, já estão resolvidas pelas mídias online. Ou seja, a mídia tradicional oferece uma "solução" para um problema inexistente.

Sempre existirá uma elite na sociedade prestes a valorizar a Curiosidade Epistêmica e que tem a intenção de aplacá-la pela mídia tradicional. Mas a banalização temática e a superficialidade das abordagens aceleram o agravamento da já combalida situação dos jornais e revistas em geral.

> **A Curiosidade Epistêmica pode se transformar em uma província exclusiva das elites cognitivas. Essa condição criaria uma nova maneira de iniquidade social.**

Ao vivermos plenamente os três níveis de Curiosidade — Diversiva, Empática e Epistêmica —, teremos uma sociedade mais apta. Vamos gerar uma visão de mundo mais isenta; consequentemente, teremos um ambiente social mais adequado para aceitar diferenças, portanto, menos sectário, consolidando um entendimento mais abrangente do outro.

A esse pensamento, vale a pena ainda acrescentar a visão do filósofo Aristóteles, na Grécia Antiga, quando ele discorria sobre o fato de que os homens investigavam o mundo e faziam suas teorias sobre suas descobertas e seus assuntos de interesse porque aquele era um processo interessante, não porque visassem um fim específico, utilitário para a situação. Na Atenas de então, a curiosidade significava a busca pelo conhecimento em si. E isso, aos poucos, está desaparecendo na sociedade pós-digital.

O LABIRINTO DOS HIPERLINKS

Se antes havia diferenças sociais entre brancos e negros, pobres e ricos, agora, essa lista de desigualdade se dará entre *curiosos* e *descuriosos*. É assim que estará estratificada a sociedade do futuro. A razão disso é que a internet é o melhor dos mundos para essa nova classificação de tipos, porque ela torna os espertos mais espertos e os estúpidos mais estúpidos. E, com isso, aprofunda-se a diferença de competências e oportunidades para os curiosos e os desprovidos de curiosidade.

Entramos em uma era na qual a distração torna-se um verdadeiro império. Por isso, ao identificarmos essa condição, é pertinente nos lembrarmos de um preceito budista:

> " A distração é um dos venenos do espírito."

Esse ensinamento milenar reafirma algo que sempre soubemos. Quando há uma multiplicidade de fontes, nossa capacidade de focar um determinado assunto fica comprometida; nós praticamente a perdemos. Ou seja, a distração não é um requisito exclusivo deste mundo digital, nem foi um comportamento criado pela interação humana com a tecnologia. Ela nos acompanha (e compromete nosso desempenho) desde sempre, mas ganhou novos contornos no ambiente virtual.

Grande parte do potencial cultural e educativo propiciado pela internet é desperdiçado pela perda de foco gerada pela oferta do entretenimento online, pela dispersão. Aliado a essa circunstância, ainda temos de conviver com o fato de que a tecnologia facilita a obtenção do conhecimento. Esta também é uma condição que, apesar de seus benefícios, nos cobra um preço bastante elevado. Ao encontramos a informação de maneira rápida, quase instantânea, eliminamos o valor oculto e discreto da dificuldade dessa dinâmica.

Em 1999, o neurocientista Robert Bjork, vinculado ao Departamento de Psicologia da Universidade da Califórnia, por meio de seus estudos, teve um insight que alterou a maneira como a psicologia reflete os processos educativos e de aprendizagem. Para Bjork, nós aprendemos melhor quando achamos mais difícil a obtenção do conhecimento, ou seja, quando há esforço para assimilarmos algo. Seus estudos sobre esse tema apontam para o fato de que, quanto mais rápido aprendemos, mais rápido esquecemos o conteúdo em questão. É um aprendizado superficial.

Em suma, aprendemos de forma mais adequada quando o esforço é maior. Quando o aprendizado é muito rápido, temos grande chance de esquecermos esse conteúdo supostamente adquirido como em um passe de mágica. Há uma relação biunívoca entre velocidade e superficialidade.

Ao ser tão eficiente na entrega, a internet acaba com uma matéria-prima da curiosidade: a *frustração produtiva*, que nos empurra a querer mais. Curiosidade é, antes de tudo, uma atitude ativa, não passiva. E como diz o economista Eduardo Giannetti da Fonseca: "A curiosidade está para o conhecimento assim como a libido está para o sexo."

> Se de alguma maneira não houver curiosidade por algo diferente, por um saber distinto, não há conhecimento, não há diversidade de pensamento. Curiosos são pessoas interessadas, logo, interessantes.

No mundo digital, a Curiosidade Diversiva é sempre estimulada pela enxurrada de textos, e-mails, tuítes, vídeos e alertas que aguçam nosso interesse de caçar a novidade. Nessa dinâmica, assistimos a uma rápida deterioração de nosso foco e nossa atenção para assuntos mais profundos e textos mais elaborados.

A Curiosidade Diversiva é mais óbvia, abrangente, superficial e nos faz sentir parte do todo. E em pensar que, por décadas, ao longo do século XX, a televisão era um dos "vilões" da sociedade. O senso comum a apontava como um dos elementos de emburrecimento das pessoas. Que ironia!

A tomada de espaço da internet em nossas vidas tirou o protagonismo da televisão de nosso cotidiano e ampliou absurdamente o poder de distração e informação ao nosso alcance. Agora, quando comemoramos há pouco o seu cinquentenário em 2019, percebemos o seu o papel fundamental na exponencialidade da geração da indigência cognitiva. Mas a preocupação com esse fato não é algo necessariamente recente.

A questão da constituição de nossa inteligência sendo afetada pela quantidade de informação disponível, apesar de ter sido evidenciada e potencializada pelo mundo pós-digital, é uma preocupação debatida de forma mais estruturada, pelo menos, desde os anos 1970, quando o economista norte-americano Herbert Simon, com trabalhos de pesquisa nas áreas de psicologia cognitiva, informática, administração, sociologia econômica e filosofia, descreveu o fenômeno posteriormente chamado de "Economia da Atenção". Sobre esse assunto, Herbert dizia:

> A riqueza de informação cria pobreza de atenção e, com ela, a necessidade de alocar a atenção de maneira eficiente em meio à abundância de fontes de informação disponíveis."

O aparecimento do mundo online exemplifica de forma precisa os estudos de Herbert Simon. Quando estamos nas redes sociais, nos ambientes informativos virtuais, estamos propícios a ter uma leitura descuidada e somos incitados à distração. Uma notícia leva a outra em uma espiral infinita de informação (ou será que deveríamos chamar de desinformação?). Bem-vindos ao maravilhoso mundo do hiperlink, no qual são inúmeras as possibilidades de seguirmos acessando os mais diversos conteúdos quase que infinitamente. Um assunto leva a outro e, se não formos cuidadosos, entramos em uma caminhada sem fim de hiperlink em hiperlink.

A possibilidade de termos mais conhecimento, de chegarmos a conteúdos correlatos à informação que estávamos consumindo, é algo extremamente oportuno. Há um grande valor nessa prática. Porém, se não mantivermos nosso foco, essa possibilidade de ampliarmos nosso saber, mediante o acesso a hiperlinks, torna-se algo completamente dispersivo. Transforma-se em um poderoso instrumento para o fomento de nossa distração, sendo contraproducente para nossa rotina.

Frente à gigantesca quantidade de informação, a displicência passou a caminhar lado a lado com a oferta desse conteúdo no mundo virtual — muito dele, aliás, extremamente superficial, irrelevante, para ser mais direto. Estatísticas desse universo não deixam dúvidas sobre essa questão. Elas praticamente desenham a situação revelando dados assustadores.

Em 1998, tínhamos 26 bilhões de webpages. Hoje, no final da segunda década do século XXI, temos 80 trilhões de webpages. Aqui vale se questionar, para que tanta informação? E, para quem pensa em monetizar em cima dessa oferta de espaços, há um dado a se considerar. Do total de trilhões de espaços virtuais disponíveis, somente 1% oferece espaço publicitário. Você não leu errado. Eu repito. Apenas 1% de todas essas webpages destinam algum ambiente à publicidade.

Apesar de, à primeira vista, essa porcentagem soar ínfima, na prática, se fosse possível colocar lado a lado os full banners, half-banners, pop-ups, hotsites e demais espaços publicitários oferecidos, criaríamos um gigantesco painel com dimensão nove vezes e meia maior do que a superfície do sol. Essa é uma extensão surreal de espaço, principalmente se levarmos em consideração o fato de ser apenas 1% do total possível. Agora, imagine o crescimento de tudo isso com o advento da internet 5G? Com a utilização plena dos recursos de Big Data?

Essa gigantesca oferta de páginas na internet representa um desafio para o mundo publicitário. Como obter a atenção das pessoas nesse ambiente caleidoscópico no qual o foco e a atenção são ínfimos? Antigamente, os publicitários trabalhavam em um regime de quantidade limitada de oferta de espaços. Agora, essa oferta pode ser considerada infinita.

A neurocientista Maryanne Wolf, diretora do Center for Dyslexia, Diverse Learners and Social Justice (Centro de Estudos de Dislexia, Leitores Diversos e Justiça Social), da Universidade da Califórnia, em seu livro *O Cérebro no Mundo Digital*, faz uma análise precisa sobre a importância do processo de leitura na formação do pensamento crítico, desenvolvimento da atenção e da empatia, características essas que estão em extinção, como menciona a crítica do *The Wall Street Journal* sobre a obra dela. Em suas ponderações, Maryanne nos alerta:

> " Desde o minuto em que acordamos, pelo alarme de um aparelho digital, passando pelos controles que fazemos a cada quinze minutos, ou menos, em inúmeros dispositivos durante o dia, até os últimos minutos antes de deitar, quando realizamos nossa última varredura 'virtuosa' do e-mail para nos prepararmos para o dia seguinte, habitamos um mundo de distração."

Em seu texto, ela lembra o estudo realizado pela Global Information Industry Center, da Universidade da Califórnia, em San Diego, para determinar a quantidade de informação usada pelas pessoas diariamente. A conclusão dele foi que essa quantidade seria de 34 gigabytes, o equivalente a 100 mil palavras ao dia. Quando questionado sobre o assunto, um dos coautores da pesquisa, Roger Bohn, foi enfático:

> **"** Acho que uma coisa está clara: nossa atenção está sendo recortada em intervalos mais curtos e, provavelmente, isso não é bom para desenvolvermos pensamentos mais profundos."

A percepção da afirmação de Bohn é ainda mais grave quando vivemos em uma sociedade em que precisamos dizer para alguém que, ao receber um vídeo de quinze segundos, ele precisa vê-lo até o fim; do contrário, a tendência das pessoas é interrompê-lo antes. Quando essa prática se torna o novo normal, evidenciamos um comportamento social com preocupantes indicadores de transtorno de atenção. Essa situação é exemplo inconteste da gradativa diminuição da capacidade de foco das pessoas.

Quando cursei a Singularity University, durante as aulas, nos era dito que, a partir de 2045, teríamos uma ligação direta entre *devices* e nosso cérebro. Na prática, equipamentos tecnológicos seriam ligados aos nossos neurônios nos possibilitando as mais diversas interações. Caso isso ocorra, nesse momento, estaremos finalmente aptos a unir toda Exteligência produzida no mundo à nossa inteligência armazenada no cérebro.

Essa projeção da Singularity não é mera retórica ficcional. Talvez o ano previsto possa ser questionável, mas a associação de nosso cérebro a dispositivos tecnológicos, robóticos, criando novas realidades, se avizinha, como já evidenciado pelo surgimento da nanotecnologia e o desenvolvimento dos nanorrobôs.

A nanorrobótica é uma revolução gigantesca a caminho. Ela ainda não está detalhada para as pessoas além dos círculos acadêmicos das comunidades científicas, assim como também é questionada entre alguns cientistas mais céticos em relação às suas potencialidades.

Em uma explicação simplificada, essa tecnologia é capaz de criar máquinas em escala nanométrica, tecnicamente de comprimento equivalente à bilionésima parte de um metro (expressa em forma numérica da seguinte maneira: 0,000000001 metro).

A nanotecnologia, apesar de ser uma área muito nova, já é reconhecida em seu enorme poder de transversalidade. Ela atinge diversos saberes e práticas da ciência exata, da computação à ciência biológica, em seus estudos do corpo humano, na criação de biomateriais, entre outras aplicações. Resumo da ópera, é uma tecnologia do futuro engatinhando no presente.

Alguns dos seus fervorosos defensores são pesquisadores celebres, caso de Ray Kurzweil, inventor, futurista e ganhador de significativos prêmios nos Estados Unidos (Prêmio Grace Murray Hopper; Prêmio Dickson de Ciências; e a Medalha Nacional de Tecnologia e Inovação dos Estados Unidos), e integrante da equipe de inovação do Google em Inteligência Artificial.

Para Kurzweil, os nanorrobôs tornarão nossos cérebros "divinos". Ele garante que seremos capazes de aprender mais, nos expressaremos melhor e elaboraremos mais adequadamente nossas emoções. Kurzweil é taxativo quando incitado sobre esse assunto. Ele não titubeia em afirmar:

> " *A revolução dos nanorrobôs, incorporados aos nossos cérebros, estará em plena aplicação a partir dos anos de 2030."*

Ele é mais otimista do que os estudos apresentados pela Singularity. Aliás, ele também integra a universidade. Essa década, para ele, será o marco inicial para termos um contato direto com os dados "depositados nas nuvens".

Nosso cérebro, equipado por nanorrobôs, funcionará à semelhança dos *hard disks* de nossos computadores. Seremos capazes de fazer *back-ups* de nossos pensamentos e memórias, assim como teremos acesso às nossas trocas de mensagens nas redes sociais e por e-mail, e vamos nos conectar a todas as milhares de fotos que fizermos — ligação direta entre nosso cérebro e esse banco de imagem armazenado em nuvem. Tudo isso é apenas o começo e um pequeno exemplo do potencial dessa nova realidade humana.

Essa é a maneira encontrada por Kurzweil para exemplificar nossa possível evolução biológica, com a introdução de robôs do tamanho de filamentos de DNA nas áreas de ligação de nossos neurônios, agindo em conjunto com eles na geração de sinapses e, consequentemente, impactando nossa capacidade de raciocínio e de sensação de nossas emoções físicas ou imateriais.

Obviamente, a assertividade de Kurzweil é vista com ceticismo pela comunidade acadêmica internacional. Ainda temos um longo caminho a percorrer na realização de testes e aperfeiçoamento desses nanoequipamentos para efetivamente implantá-los no cérebro de alguém. Tudo isso sem contar com a infinidade de discussões éticas, morais e legais sobre esse passo.

Há muito por resolver e se entender nessa seara. Mas, em tese, a expansão do neocórtex, como idealizada por ele, é viável, porém, com o atual nível de pesquisa, ainda não é possível definir um momento tão específico nem tão breve como a década de 2030.

Se isso vai acontecer em 2030 ou após 2045, é difícil precisar. Mas uma coisa é certeza: até lá, a indigência cognitiva, a maior dificuldade de gerar insights e a redução brutal da imaginação e criatividade são fenômenos irreversíveis e preocupantes.

O potencial desse tema é latente. As pesquisas avançam. Diariamente, aprendemos mais sobre os mistérios e as capacidades de nossas funções cerebrais, mas antes de evoluirmos para algo tão radical, precisamos compreender bem mais o funcionamento cerebral em seus moldes atuais, ainda tão misterioso.

Nesse sentido, precisamos focar nossa atenção e ampliarmos nossa Curiosidade Epistêmica. É importante termos certo conhecimento sobre o desenvolvimento da nanotecnologia. Afinal, temos de criar repertório sobre o assunto, mas temos de reconhecer questões mais imediatas e pragmáticas do agora, de como nossa organização social, do Oriente ao Ocidente, passa por um período delicado em relação à tecnologia oferecida e as consequências comportamentais desse cenário. É mais urgente dimensionarmos os efeitos do Trilema Digital em nossas vidas e encontrar caminhos para solucioná-los.

CAPÍTULO 3

UMA REVOLUÇÃO HUMANA

"Precisamos de tecnologia em todas as salas de aula, nas mãos dos alunos e professores, porque ela é a caneta e o papel do nosso tempo. A lente através da qual experimentamos grande parte do nosso mundo."

– DAVID WARLICK, *professor de Educação e Tecnologia*

Em 2006, o professor emérito da Universidade de Warwick e consultor internacional de educação, Sir Ken Robinson, fez uma das mais memoráveis palestras da série de conferências intituladas TED. Sua fala, entre as centenas de eventos já realizados desse gênero, foi a primeira a alcançar a marca de 10 milhões de visualizações. Um feito absoluto. E a quantidade de interessados por ouvi-lo não arrefeceu ao longo dos anos. Em uma das atualizações da página oficial da organização, no início de 2020, mais de 63 milhões de pessoas tinham acompanhado seu pensamento. É bem possível que no momento desta leitura esse número já tenha sido suplantado há muito tempo.

De fato, o professor Robinson é um excelente orador. Ele tem um timing adequado para capturar a atenção de sua audiência, um longo repertório de histórias cotidianas e técnicas de sua área profissional para manter vivo o entusiasmo das pessoas e aguçar a Curiosidade Epistêmica de cada um de nós — aquele interesse mais analítico e profundo entre as categorias de curiosidades, do momento no qual queremos saber por que as coisas acontecem.

Mas, a despeito de sua excelência como conferencista, é o assunto de sua palestra o grande atrativo de sua fala. O ímã para nossa atenção é a educação e a urgência que temos para revolucionar a forma como educamos formalmente as pessoas. Em 2006, o professor Robinson já nos lembrava das previsões da Unesco sobre a quantidade expressiva de formandos em todos os níveis educacionais que existirá ao redor do mundo em 2036. Até a data em questão, teremos tanta gente com diploma e certificado nas mãos, mas tanta gente, que essa extensão de pessoas supera todo o número de formados desde o início de nossa história como seres humanos; trata-se de uma quantidade espantosa e suscita reflexões.

Dois fatores são responsáveis por essa impressionante quantidade de formandos: o avanço tecnológico (sua consequente popularidade) e a explosão demográfica (o mundo e seus bilhões de moradores). Esse contexto coloca em questionamento os modelos educacionais adotados de agora em diante.

> Há muito tempo, os sistemas de ensino empregados deixaram de ser pertinentes para nossas necessidades. Eles estão defasados, e uma simples comparação da evolução dos padrões educacionais ao longo dos séculos denota essa defasagem. Entra ano e sai ano, e eles praticamente não evoluíram. É como se tivessem parado no tempo.

Para muitos, a ideia de educação ainda é uma sala de aula, com carteiras, um professor e uma lousa. Esse formato de ensino e esse pensamento educativo atrasam nosso desenvolvimento coletivo e individual. Pior, funcionam como antídoto contra a promoção da imaginação e da criatividade.

É como se a educação formal constituída diminuísse a criatividade das pessoas, porque quem está submetido ao processo de aprendizagem tem de seguir um roteiro previamente estipulado, planejado sem levar em conta as características individuais dos estudantes.

Cada ano cursado corresponde a uma faixa de aprendizado. Os diversos níveis escolares oferecem um conteúdo predeterminado e cobram de seus alunos o conhecimento referente às disciplinas oferecidas. Esse modelo de ensino e aprendizagem é completamente avesso às modificações sociais que vivemos. É anacrônico.

A educação formal deveria ser responsável por incentivar a imaginação, estimular a capacidade inventiva das pessoas, não definir modelos estatísticos de ensino. Isso é importante porque, ao fomentar a imaginação, gera-se a curiosidade e, quando há curiosidade, estimula-se a criatividade, estabelecendo um círculo virtuoso de atividades, uma dinâmica de crescimento e expansão da inteligência. Mas se, ao contrário, esse processo não ocorre, se a criatividade e a curiosidade não são encorajadas, amplia-se a dependência das pessoas pela Exteligência.

Quando se acha que tudo pode ser encontrado no Google e, portanto, não é mais necessário assimilar conceitos, lembrar datas ou a grafia das palavras, a importância da Exteligência em nossas vidas se aprofunda e, consequentemente, a inteligência perde espaço, gerando um desequilíbrio entre elas.

Para combater essa situação, a escola é um dos locais de resistência; ela seria um espaço para instigar a curiosidade das pessoas, aprimorar nossa expressão e nosso raciocino lógico. Mas, quando a sociedade não percebe a necessidade de revolucionar o ensino, adaptando os espaços educacionais aos novos tempos, a escola não ajuda a equilibrar o uso que fazemos da Exteligência — pelo contrário, atrapalha nossa evolução. Principalmente quando vivemos em um momento da Educação Individualizada (EI).

A educação encontrou na tecnologia uma maneira para se reinventar para eliminar barreiras, ampliar as fontes de referência na busca pelo conhecimento e na constituição de modelos alternativos ao ensino tradicional, como vimos com a consolidação da modalidade de Educação a Distância (EaD); contudo, é importante reforçar, o ensino não presencial não foi uma surpresa por si.

Ao longo de nossa história, foram diversos os métodos de ensino a distância (correspondência e videoaulas são exemplos disso) e, por muitos anos, eles ajudaram muitas pessoas. Porém, quando são comparados à experiência em EaD, impulsionada pela tecnologia, eles se mostram completamente rudimentares.

Na era digital, a estrutura de Educação a Distância é tão infinita quanto a internet em si. É uma dinâmica sem fronteiras. Nesse sentido, aprender passou a ser uma questão individual, de como e de quanta disposição cada um de nós têm para assimilar novos conteúdos. Isso revoluciona o sistema educacional, em termos pedagógicos e administrativos. Cria novos paradigmas. Em meu livro anterior, intitulado *O Fim da Idade Média e o Início da Idade Mídia*, abordo o tema de como tudo hoje em dia ainda é avaliado e ministrado pela média. A educação, inclusive. Em uma sala de aula, o professor se obriga a cobrir os assuntos programados baseando-se na capacidade média dos alunos daquela classe. Agora, na EaD, cada um se desenvolve na velocidade e na capacidade própria. Se alguém tem mais dificuldade, vai lento e reprisa. Se tiver facilidade, acelera.

Individualmente.

A solução para a educação no Brasil não passa apenas pela oferta de mais carteira, lousa e giz. A sociedade brasileira vai conseguir universalizar o acesso à educação ao introduzir as mais diversas ferramentas tecnológicas em nosso ensino público.

Como conceito, é importante assimilar que a inteligência não é um contraponto à Exteligência. Temos de tirar o máximo proveito dessas duas condições e entender que ambas se somam. O espaço de consolidação da inteligência é dentro de cada um de nós, enquanto a Exteligência está nos ambientes em que vivemos, em todos os nossos contextos. Devemos otimizar o uso de ambas em nossa vida e entender como conseguimos extrair o melhor dessas duas situações.

> A Exteligência deve se somar
> à inteligência, não a subtrair.

Toda a revolução tecnológica implementada deveria ser um passo para nos humanizar cada vez mais, afinal, a tecnologia facilita nossa conexão, amplia nosso acesso ao conhecimento, nos libera de atividades braçais, diminui as distâncias, nos gera tempo. Sendo assim, é surpreendente não aproveitarmos ao máximo essas possibilidades.

Como podemos desperdiçar tantas oportunidades e utilizar de forma tão inadequada o que criamos a partir das ferramentas tecnológicas? Precisamos ser objetivos na busca de respostas para essas situações e temos de enfrentar a seguinte questão:

> Em um período de forte presença
> tecnológica, como as pessoas
> conseguem se manter humanas?

A tecnologia veio para nos humanizar, para que possamos, cada vez mais, exercer nossa criatividade e imaginação. A sala de aula é um espaço para a prática dessa condição. Precisamos ter um compromisso profundo com a educação e com as necessidades mais humanas desse processo. Ao subestimarmos tal situação, corremos o sério risco de sermos, de fato, varridos pela Inteligência Artificial, não tardando, assim, a concretização das mais sombrias realidades distópicas.

> Temos a obrigação de imaginar mais, de sonhar mais.

O ensino formal precisa nos garantir estruturas para a livre imaginação e expressão plena dos sonhos. Nesta nova era, a única saída é a educação voltada à criatividade, à curiosidade e à imaginação.

Há ainda quem advogue o fato de que a escola é detentora de todo o conhecimento e no centro desse ambiente de puro saber encontra-se o professor, desempenhando seu protagonismo, ocupando o espaço de principal disseminador do conhecimento. Dentro dessa visão, em sala de aula, ele é a autoridade máxima do conhecimento; sua palavra é decisiva. Mas, desde o advento da internet, essa condição se alterou. Quem ainda tiver essa concepção de ensino precisa rever urgentemente seus conceitos.

A evolução da Tecnologia da Informação (TI) ditou uma profunda transformação dessa prática. É um caminho sem volta. É inclusive difícil definir a extensão da atuação da TI em nossas vidas, porque, afinal, estamos falando da aplicação dos recursos da computação para trabalharmos com a informação em suas mais diversas etapas (produção, transmissão, armazenamento, acesso, segurança, organização, entre outros). É um campo do saber extremamente vasto, com profundas ligações a tudo que nos cerca, em qualquer área de nossas vidas. Ao fazermos uma distinção entre os conceitos de *dados, informação e conhecimento*, torna-se mais objetivo e ilustrativo o entendimento da dimensão da TI em nossas vidas.

Em síntese, dados são fatos brutos; já a informação é a contextualização dos dados (desses fatos brutos); e o conhecimento, por sua vez, é a informação contextualizada e relacionada a outras informações adjacentes. Isso reflete um universo infinito de possibilidades. Tudo que acontece em nosso cotidiano se encaixa nessa definição; sendo assim, quanto mais bem preparado educacionalmente formos, mais chances temos de lidar com a complexidade desse novo mundo que surge por meio dos avanços tecnológicos. Mas a educação, de forma geral, passa por uma crise em todo o mundo.

O modelo de escola praticado em grande medida, independentemente do país em questão, foi constituído para atender às demandas da Revolução Industrial. É um padrão funcionalista de educação massificada que caducou e está defasado. Precário para o atendimento à demanda da sociedade contemporânea, deixou de contemplar os interesses dos alunos deste século. Enquanto ele estiver em prática, temos uma anomalia a combater.

Vivemos um descompasso em nosso processo educativo, que, além de não engajar os alunos, educa precariamente as pessoas. Resultado, esse estudante torna-se um cidadão incompleto e um profissional limitado. Precisamos reverter esse cenário com urgência, principalmente no Brasil, que ainda apresenta um desnível educacional absurdo entre as classes mais favorecidas e as pessoas com menos recursos financeiros.

Como sociedade, temos de nos questionar a todo tempo sobre nossa educação e os seus mais diversos níveis e modelos de ensino oferecidos. Sobretudo, temos de dispor da tecnologia e da inovação para solucionar os problemas apresentados. Precisamos incentivar a criação de ambientes colaborativos, multifuncionais. As escolas precisam se transformar nesses espaços. Nesta nova era, a colaboração é fundamental para nossa existência, a fim de assegurar nossa evolução econômica, social e ambiental.

> Em se tratando de educação, o convívio com a diversidade de pensamento e das mais variadas ferramentas educacionais é decisivo para a constituição de um cidadão verdadeiramente contemporâneo, em harmonia com o meio ambiente e preparado para enfrentar as dificuldades e mudanças deste tempo.

Aprendemos no convívio e na interação social. Nesse sentido, o professor tornou-se um mediador de relações, da relação do aluno com a sociedade, com o conhecimento, com o seu colega em sala de aula, enfim, da ligação do aluno com os diversos contextos nos quais ele esteja inserido. De tutor, o professor passou a ser um mentor.

O professor continua a desempenhar um papel imprescindível na escola, mas não deve mais ser visto como sabe-tudo ou detentor da última palavra. A ideia desse profissional tem de ser superada. Ela já teve a sua funcionalidade, mas agora tem de ser extinta — não reformulada, extinta de fato; isso é fundamental para avançarmos. É um passo que mexe com a estrutura arcaica da sala de aula, afinal, ela foi alicerçada nessa imagem, com base na qual o ambiente educativo foi criado e se mantém ao longo dos séculos.

Os professores deixaram de ser oráculos, donos do saber inquestionável, e tornaram-se profissionais com o dever de se atualizar constantemente em suas práticas de magistério, além de estabelecer maneiras de interação com o vasto conhecimento disponível online. Sem dúvidas, este é um desafio hercúleo. Não é fácil ser curador de tantos conteúdos correlatos e específicos a suas áreas de especialidade e repassar parte desse conhecimento aos estudantes. É preciso disciplina, estar aberto a novas experiências e ter acesso a uma infraestrutura adequada de máquinas e redes de conexão. Muitas vezes, nada disso acontece.

Por sua vez, os alunos desta era digital são outros; eles mudaram. São absolutamente distintos dos estudantes das décadas passadas, em qualquer nível de ensino. É importante reconhecer algumas das características que os tornam peculiares, como o fato de, a todo momento, estarem expostos a uma infinidade de conteúdo e, ao mesmo tempo, serem produtores de conteúdo. Eles não apenas recebem a informação, mas criam e difundem o conhecimento a partir de suas experiências, da maneira como veem e interagem com os contextos de suas vidas.

KNOCKER-UP

De forma bem-humorada, como lhe é peculiar, o professor de criatividade e palestrante, além de amigo, Murilo Gun, detalha com muita clareza toda essa situação. "A imaginação nos diferencia dos demais bichos. Mas, ao longo da vida, fomos deixando de usar nossa imaginação e, ao deixá-la de lado, nos desumanizamos." E, em sua visão, de onde viria esse desuso, o fato de termos relegado a imaginação a algo secundário, desimportante em nossa existência? "Das escolas, onde somos incentivados à memorização, não aos processos imaginativos."

Murilo exemplifica tal afirmação pela estrutura do método de concepção das provas aplicadas em sala de aula, onde nos são feitas questões para as quais as respostas corretas já foram estabelecidas previamente. Ou seja, a partir de um conteúdo exposto, o professor, dentro de suas atribuições, elabora perguntas sobre os temas que, por sua vez, já têm respostas definidas.

Dessa maneira, os docentes até exercitariam, em certa medida, sua imaginação para formular os questionamentos; contudo, nessa relação, os alunos estariam apenas demonstrando sua capacidade de memorização dos assuntos questionados, ao entregar as respostas esperadas. "Nesse sistema, o sinônimo de sucesso é indicado quando gabaritamos as questões." Essa estrutura para aplicação das provas enfatiza as respostas padronizadas.

Esse jeito de avaliar as pessoas, igual para todos de acordo com os conteúdos apresentados em sala de aula, não estimula o desenvolvimento de respostas criativas, diferenciadas, que considerem a visão de cada um para solucionar os questionamentos propostos. É uma fórmula eficaz ao desestímulo da imaginação.

Murilo é mais uma voz sobre esse tema a reforçar o fato de que toda essa maneira de sermos avaliados teria, sim, se originado na Europa, no começo da Revolução Industrial, época na qual era preciso qualificar a mão de obra existente para as funções industriais recém-criadas. "Naquele momento, para se desempenharem as atividades que surgiam nas fábricas, era preciso disciplina, obediência e repetição. A imaginação, consequentemente, não se encaixava entre essas necessidades. Incentivar os aspectos de obediência e repetição foi uma das maneiras encontradas pela sociedade para garantir que as pessoas trabalhassem a contento. 'Não imagine. Acompanhe as regras. Cale a boca e siga em frente.'" Há, de fato, grande pertinência nessa reflexão.

Um dos fundamentos da Revolução Industrial era habilitar as pessoas para trabalhar de maneira organizada em fábricas, condição inexistente até aquele momento. Éramos uma civilização da manufatura e rural. Como sociedade, estávamos transformando os processos manuais e artesanais em produção feita por máquinas, em linhas de montagem; esse sistema produtivo tem lá suas peculiaridades e exige uniformização de práticas e modelos de ação.

Por falar em uniformização de prática e modelos de ação, uma profissão bastante curiosa para os dias atuais, mas bastante usual no Reino Unido, berço da Revolução Industrial, foi a de knocker-up, atividade que pode ser entendida, literalmente, como despertador humano.

Com o surgimento das fábricas e, consequentemente, com o estabelecimento dos turnos de trabalho, algo novo para aquela época, era preciso garantir a pontualidade dos trabalhadores em suas funções, em especial aqueles que iniciavam os turnos das fábricas pela manhã, logo cedo.

As pessoas precisaram se acostumar a ter uma rotina permanente para sempre acordar no mesmo horário e conseguir se apresentar ao trabalho. Hoje, isso até pode soar trivial, porque estamos completamente acostumados a essa condição, mas, antes do surgimento dos processos de produção industrial, esta não era uma demanda, pois as necessidades produtivas eram outras. Havia outro detalhe: nem todo mundo tinha condições financeiras de ter um despertador mecânico, um relógio, para assegurar que não se atrasaria. Daí, surgiu um questionamento: como as pessoas conseguiriam acordar diariamente a tempo para chegar ao trabalho?

Os knocker-ups tornaram-se a resposta. Munidos de longos bastões, eles passavam pelas casas batendo nas janelas dos quartos de seus clientes, até que eles se levantassem das camas e fizessem algum sinal para indicar que haviam despertado.

Essa atividade foi bastante popular em toda a Grã-Bretanha e era desempenhada, geralmente, por homens e mulheres mais idosos. O pagamento não era lá muito alto. A cada pessoa despertada, eles recebiam alguns centavos de libra. Para fazer uma soma de dinheiro minimamente razoável, eles desenvolveram maneiras para acordar mais gente.

Alguns, além de longos bastões, utilizavam uma espécie de zarabatana para lançar pequenas sementes contra as janelas dos quartos. Essa técnica, por assim dizer, incrementou a capacidade de trabalho deles. Era mais fácil se situar em um local central na rua e, de lá, lançar as sementes nas janelas.

Por incrível que pareça, há registro dessa atividade no Reino Unido até a década de 1970, que, em algumas obras literárias do século XVIII, foram retratados como *night owls* (corujas noturnas).

DERRUBANDO OS MUROS ESCOLARES

A Revolução Industrial foi um profundo marco na nossa história. Essa modelo de organização determinou toda a constituição de nossas sociedades. As gerações posteriores ao seu surgimento vivem sob a ótica de vida desse sistema, que forjou um determinado comportamento, a partir da necessidade de as pessoas serem capazes de demonstrar procedimentos-padrão para a execução de suas atividades.

O preço da inadequação sempre foi muito alto. Quem é incapaz de seguir os padrões estabelecidos fica excluído dos modelos produtivos e de geração de renda. Portanto, nesses ambientes, o espaço para o diferente praticamente inexiste. Daí, surge uma das grandes ambivalências da criação das formas pedagógicas. Afinal, o ensino formal, como o conhecemos, foi impulsionado por esse contexto.

As escolas precisavam formar pessoas adequadas para esse sistema de produção. Mas agora, passados mais de dois séculos do início dessa fase de nossa história, os requisitos profissionais e educacionais em nossas vidas são outros, completamente distintos, por sinal.

É evidente que a fórmula adotada com tanto sucesso no século XVIII não encontra mais espaço. Sem dúvida, ela até pode estar presente entre nós, ter sido ressignificada pela adoção de diversas metodologias de ensino e aprendizado, mas sua ineficácia é aparente e insustentável.

Em uma sociedade pós-digital, o saber está em todos os cantos e nos atravessa a todo momento. Não está circunscrito a um ambiente exclusivo, onde uma única pessoa tem a responsabilidade de responder, com grande sabedoria, sobre um conhecimento geral ou específico. Por isso, na medida em que o professor perde essa dimensão e reconstrói sua imagem como elemento fundamental de conexão, o fluxo do conhecimento passa a acontecer de maneira distinta — ele se torna mais circular, como é o caminho percorrido pela informação na internet, abrindo espaço para que a tecnologia entre no processo educacional de forma mais transparente, orgânica e consequente.

Tornou-se impossível pensar na tecnologia como algo extraordinário, exceção à regra, restrita a uma "sala de informática" no processo educacional. A tecnologia nos cerca; portanto, deixá-la de fora de sala de aula, em qualquer de seus formatos, é uma prática ultrapassada e um enorme desafio em um país com tantas diferenças socioeconômicas como o Brasil. Conseguir implementar um amplo acesso à tecnologia no ensino público brasileiro não é tarefa para amadores. É preciso perseverar e ter uma dose extra de resiliência para atingir esse objetivo, comumente, sem nenhuma estrutura básica.

Em muitas escolas públicas brasileiras, faltam cadeiras para as crianças se sentarem. Em algumas, por inexistência de climatização adequada, o calor durante as aulas é insuportável, o que prejudica a concentração. Há também aqueles colégios em que a precariedade chega até a oferta de banheiro para a meninada. A lista de obstáculos em nosso ensino, especialmente o público, é enorme. Estes, entre outros fatores estruturais, devem ser compreendidos, para que possamos dimensionar esse desafio descomunal.

É importante reconhecer a precariedade da estrutura física de grande parte de nossos colégios públicos como um dos elementos de nossas adversidades na área educacional, porque ela impacta diretamente a adoção de modelos pedagógicos e a maneira como devemos pensar a oferta do ensino. Não temos como fugir dessa situação se quisermos melhorar como país. Precisamos refletir sobre saídas para esse cenário, a fim de sermos, de fato, protagonistas dessa solução e não objetos de manobra de ações externas.

Com a dimensão continental brasileira, temos de ter criatividade e uma boa dose de personalização para aplicar processos educativos. Nossas diversas realidades são fundamentais para criarmos ambientes que favoreçam nossas particularidades regionais, reconhecendo as dificuldades e potencialidades de cada escola. Com certeza, esta é uma maneira para reconstruirmos nosso modelo educacional.

> Esta nova era pede espaços multimídia, mesmo que tenhamos dificuldades financeiras para materializarmos esses locais. Essa exi-

> gência não é modismo ou algo inventando, é parte do espírito deste tempo. Assim, devemos lembrar a importância da derrubada, figurativa e literal, das paredes das escolas.

Essa falta de modificação estrutural indica um dos motivos pelos quais o setor da educação ainda não conseguiu implementar as devidas mudanças. Mudar é uma ameaça para muitos; gera medo. Dessa maneira, o conservadorismo no setor prepondera, dificultando novas práticas educacionais. Para quem preserva esse pensamento, é mais confortável e seguro manter tudo como está; ficar no conhecido. Mas essa atitude tem vida curta. Não é mais aceitável permanecer resguardado no medo, tentando evitar o incerto. As mudanças já chegaram. Elas estão à nossa frente, e este tempo nos cobra respostas rápidas.

Vivemos em meio a intensos processos de modificações tecnológicas, surgindo de diferentes maneiras. É uma transformação multidimensional. A escola é um ambiente seguro para que os jovens possam testar essa multidimensionalidade da vida. Por isso, toda a sua estrutura tem de ser construída para auxiliar o jovem nas mais diversas demandas, sobretudo, para melhorar a qualidade de seu pensamento. É preciso ensinar a refletir, aprimorar as expressões linguísticas e matemáticas. Precisamos incentivar a curiosidade das pessoas.

Como já mencionei, faço parte de uma geração que, quando estudante, era obrigada a exercitar a memorização e a refletir constantemente diante do conteúdo educacional exposto. Desenvolvi, a partir dessa condição, uma natural Curiosidade Epistêmica pelo mundo e pelos acontecimentos à minha volta. Por isso, sempre me chama atenção quando percebo profissionais aparentemente desinteressados, inclusive, com os símbolos de sua profissão.

Há alguns anos, ao visitar um amigo internado em um hospital, perguntei a uma dentista que o acompanhava na internação sobre o símbolo do Esculápio, representado por uma cobra enrolada em um cajado, símbolo da odontologia, que ela trazia em seu jaleco. Qual não foi a minha surpresa quando ela me respondeu não saber do que se tratava. Ela era formada há 14 anos e, em todo aquele período, nunca teve a menor curiosidade em procurar saber o significado de algo que ela carregava em seu peito e que representa sua profissão.

Investir em um ensino com ênfase em memorização é algo defasado. O conhecimento de datas e eventos é, sim, significativo, mas o seu valor é referencial. Contemporaneamente, é fundamental estabelecer, com objetividade, o caminho para encontrar as conclusões mais adequadas para os problemas propostos. Nossos jovens precisam aprender a discutir os assuntos; analisar cenários usando a maior quantidade de meios; usar sua individualidade, criatividade e imaginação para solucionar problemas.

Essa condição apenas reforça como a capacitação do professor é imprescindível para a boa formação escolar. Para o docente, é fundamental desenvolver as mais variadas práticas educativas.

O professor — e a sociedade como um todo — tem de estar consciente do seu impacto nos estudantes, da sua influência na formação das pessoas. Isso requer técnica, didática, conhecimento embarcado; requer anos de estudo e dedicação. Mas o resultado desse empenho constrói novas possibilidade educacionais e prepara o aluno para se desenvolver de maneira integral.

É importante lembrar que os processos educacionais estabelecidos ao longo de nossa história sempre foram fundamentais para nos desenvolvermos como grupos sociais, para nos entendermos e estabelecermos parâmetros em nossa vida. Todas as nossas conquistas derivam de nosso conhecimento educacional, formal ou não.

A educação é um processo inerente a todas as sociedades humanas e é um de nossos fatores de distinção na natureza. O ato de aprender é contínuo; ele não começa e finda em períodos escolares. Esta nova era escancarou essa condição. Antes, nossa ideia de vida era dividida em quatro fases. Na primeira fase, representada pela infância, nós brincávamos; na segunda, no período da juventude, estudávamos; na terceira, a fase adulta, a dedicação era ao trabalho; e finalmente, na quarta, a aposentadoria garantia o descanso. Agora, tudo mudou. Tudo acontece ao mesmo tempo, junto e misturado. Até morrermos, teremos a possibilidade de nos educarmos, de aprender algo novo. O saber não tem limites. Somos nós que criamos as fronteiras e os impeditivos para o aprendizado, por isso é tão significativo refletirmos sobre os modelos educacionais.

É falha a ideia de que a educação pode ser representada com linearidade, como se caminhássemos por uma rua e, ao fazermos tudo "corretamente", chegaríamos ao nosso destino previsto, sem tropeços ou sobressaltos.

A vida não é linear, mas orgânica. Criamos nossa existência à medida que nos relacionamos no agora, ao interagirmos com as circunstâncias que se apresentam. Por isso, a aprendizagem nos transforma. Sendo assim, cabe se perguntar:

> Qual é o desafio desta nova era na educação?

Há várias possibilidades para responder a esse questionamento fundamental, mas, seja qual for essa elaboração, ela tem de considerar os seguintes elementos, características decisivas da era pós-digital:

- a gestão do tempo;
- a expressão das emoções;
- a vazão da criatividade;
- o desenvolvimento da empatia;
- o aprimoramento de técnicas de negociação.

Neste novo tempo, temos de desenvolver muito mais nossa capacidade de sermos criativos para resolvermos os problemas apresentados. É equivocado tentar aplicar respostas prontas para uma diversidade de situações.

> Saber é uma condição estática.
> Aprender é movimento.

Isso faz me lembrar da história do *whipping boy*. No século XVI, na Inglaterra, o filho do rei, por direito divino, não podia ser castigado, criando assim uma situação muito delicada para os seus preceptores. Como é possível educar uma criança inimputável? A solução encontrada foi punir uma outra criança de sua idade, que crescia ao lado do futuro rei. O raciocínio por trás dessa prática era o de gerar empatia no príncipe. A natural afeição do futuro monarca pelo whipping boy o reprimiria. Ou seja, ele pensaria duas vezes antes de transgredir. Já que não poderia ser castigado, o aprendizado dele aconteceria pelo movimento da punição ao whipping boy.

Vale dizer que tive contato com essa prática porque, em um determinado momento de minha vida, tive a curiosidade de saber como os filhos dos reis de então eram educados. Em poucos minutos, a internet respondeu aos meus questionamentos sobre o assunto. E esta é a grande maravilha representada pela Exteligência. Ao ter a curiosidade sobre como educar alguém inimputável, a internet me ofereceu a resposta imediata, o que seria impossível antes. Mas, para isso, foi necessário que a curiosidade surgisse. Do contrário, jamais teria acessado essa informação.

A IMAGINAÇÃO NOS DISTINGUE

O futuro é incerto — não temos a menor ideia do que acontecerá. Por isso, é importante que nos adaptemos e aprendamos a nos reciclar profissionalmente de maneira contínua, sobretudo integrando novas tecnologias em nossos processos de aprendizagem. Temos de ser capazes de entender as mudanças. Essa dinâmica se coloca como um desafio perene.

Muitas vezes, por falta de preparo adequado, subutilizamos as ferramentas tecnológicas ao nosso dispor, deixando de integrar determinados avanços tecnológicos ao nosso cotidiano profissional e pessoal. Isso nos limita.

O espaço educacional, do ensino elementar à universidade, continuará tendo um papel fundamental para o desenvolvimento de nossa sociedade. Será, como tem sido, um lugar propício para a descoberta do novo, para a compreensão do mundo, para formação de cidadãos e ambiente para o surgimento de novas ideias. Mas precisamos estar atentos para que ele não fique defasado em decorrência da revolução digital em curso, como já vem acontecendo.

Se a curiosidade de nossos jovens em sala de aula está diminuindo, a capacidade de armazenarmos informação diminui proporcionalmente. Em consequência disso, ficamos menos criativos. Neste momento, passamos por uma fase de alerta.

Quando a educação formal mantém padrões de atuação antigos, ela não colabora em nada para reverter o desinteresse dos alunos. Estruturando-se dessa maneira, não promove a imaginação, tampouco a criatividade. E o pior: em certa medida, além de diminuir a criatividade dos jovens, forma pessoas defasadas, incompletas. É um total contrassenso com sua proposta inicial de existência, a de capacitar educacionalmente as pessoas da forma mais ampla possível.

Todos nós nascemos com uma enorme capacidade imaginativa. Aos poucos, ao longo dos anos, principalmente pela estrutura estabelecida nas escolas, perdemos essa habilidade.

No fundo, a imaginação é como se fosse um software, um aplicativo, inicializado ao nascermos. Nos primeiros momentos de nossa vida, esse aplicativo está funcionando em sua plenitude. Somos imaginativos a todo instante. Mas, para mantermos a sua potência, precisamos atualizá-lo com frequência. Quando não o fazemos, obviamente, ele fica obsoleto, para de funcionar adequadamente. Deixa de ser uma ferramenta ao nosso dispor até, em alguns casos, desaparecer por completo.

> A tecnologia incita nossa expressão individual, e a escola precisa responder à demanda de nosso tempo. Isso é fundamental para sua sobrevivência.

Sem dúvida, os desafios são significativos. E é urgente compreendê-los e abraçá-los de acordo com a exigência da tecnologia, para que sejam construídos novos paradigmas de ação no âmbito educacional, sobretudo na integração de nossas características humanas a este novo mundo, permeado pelas mais diversas formas autômatas de vida, algumas criadas à nossa imagem e semelhança.

Em entrevista à BBC News Brasil, o diretor do Centro de Memória e Direito da City University, de Londres, Martin Conway, com mais de quatro décadas de pesquisas acadêmicas, é categórico ao correlacionar questões de nosso cérebro à tecnologia, sendo contrário a uma imagem pessimista da Exteligência, também compreendida por alguns como a "terceirização da memória". Disse ele à reportagem da BBC News Brasil: "Sempre soubemos que nossa cognição é imperfeita e sempre buscamos maneiras para suplementá-la. Pessoalmente, eu acho bom. A tecnologia expande nossa memória, não o contrário."

É interessante destacar o aspecto da "expansão da memória" defendida por ele em sua fala. Trata-se de uma reflexão que evidencia a importância da adição da Exteligência à inteligência. E mais, o professor Conway ressalta o quanto nossa humanidade é fundamental para o convívio com a tecnologia. "A melhor coisa para a memória é socializar e conviver com amigos e familiares." E, ao ser questionado pela repórter Juliana Gragnani se podemos exercitar nossa memória para tentar melhorá-la, ele responde:

> " Se você desistir e parar de aprender coisas novas, as coisas não irão bem. Uma das coisas que fazem uma diferença enorme é o quão bem socializamos com os outros. Fomos evoluídos para socializar, e, quanto mais o faze-

> mos, melhor nosso cérebro trabalha. Sair com amigos e familiares e interagir é a melhor coisa que você pode fazer pela sua mente e para sua memória. Socializando, você aprende coisas novas o tempo todo, aprende sobre pessoas, sobre si próprio. Socializar é um aprendizado gigante. E pessoas que permanecem dentro de seus grupos sociais sofrem menos declínio cognitivo, e isso inclui comprometer menos a memória."

Ainda na entrevista, ao ser perguntado se a tecnologia de hoje em dia afeta nossa memória e se estamos terceirizando nossa memória para aplicativos e aparelhos, ele elabora o seguinte pensamento:

> " Temos que lembrar que a humanidade sempre suplementou sua cognição com a tecnologia. Escrever é provavelmente nossa maior tecnologia. Sempre soubemos que nossa cognição é imperfeita e sempre buscamos maneiras para suplementá-la. Pessoalmente, eu acho bom. Eu acho incrível (...)."

A partir dessa visão tão eloquente do professor Conway, é pertinente voltar ao fato de que a imaginação é uma de nossas principais características de distinção no mundo, portanto, ela não pode ser desprezada. Ela é um bem valiosíssimo de nossa formação como ser; menosprezá-la é um ato de sabotagem contra nosso futuro.

Como mencionado no primeiro capítulo deste livro, temos de garantir às futuras gerações a continuidade da elaboração de sinapse pela introjeção do saber. O conhecimento externo ao nosso cérebro não é nosso e pode resultar na disseminação irrestrita da indigência cognitiva — afinal, nunca tivemos tanta informação, mas também nunca tivemos tanta dificuldade em processá-la e entendê-la.

A Exteligência democratiza o conhecimento ao unir toda a população mundial pela quantidade de informação disponibilizada pela internet, mas, enquanto no processo da inteligência as sinapses ocorrem internamente, através da estrutura dos neurônios, na Exteligência, a informação forma-se externamente, pela constituição de uma enorme rede de relacionamento. Essa dinâmica é um imenso desafio.

A humanidade necessita de diversidade de talentos. Afinal, como a banda inglesa Pink Floyd tornou celebre em uma das mais icônicas músicas do rock mundial, "Another Brick in The Wall":

> *"We do not need thought control.*
> *No dark sarcasm, in the classroom."*

Em tempo: não precisamos de controle de pensamento. Nada de sarcasmo em sala de aula.

PARTE 2

▷ TRIBALISMO

O ACESSO À INFORMAÇÃO NUNCA FOI TÃO GLOBAL, MAS NUNCA FOMOS TÃO TRIBAIS.

No Tribalismo, eliminamos de nosso convívio quem pensa diferente e nos isolamos.

Buscamos informações apenas para justificar e reforçar nosso pensamento e nos associamos, em grupo, com quem compartilha nossa maneira de ver o mundo, para prevalecermos sobre agrupamentos contrários.

O Tribalismo encontra na internet campo fértil para prosperar, na medida em que ela possibilita nos relacionarmos apenas com nuances de nosso pensamento, em que o contraditório é eliminado em decorrência da ação dos algoritmos.

Aspectos do mundo pós-digital alicerçam o Tribalismo. Os algoritmos, por exemplo, impulsionam o Tribalismo, ao estabelecerem convívios selecionados por características individuais, escolhas e interesses pessoais, em detrimento de um pensamento coletivo mais abrangente, menos personificado.

Gradualmente, com a diminuição do acesso a opiniões divergentes, vemos surgir pessoas mais sectárias, preconceituosas, vivendo fechadas em seu mundo tribal, constituindo a sociedade pós-digital à sua semelhança.

O Tribalismo é o grande fator desencadeante da imunização cognitiva, escudo que permite às pessoas se agarrarem aos seus credos, mesmo quando confrontadas por fatos objetivos, demonstrando que suas crenças não correspondem aos acontecimentos.

Vivemos em um momento contraditório. Como sociedade, nunca nos foi tão exigido aceitar e conviver com as diferenças, mas, a despeito dessa demanda, acompanhamos, cada vez mais, o surgimento de sociedades tribais.

CAPÍTULO 4

AS DIFERENÇAS AMPLIAM NOSSA EXISTÊNCIA

> "O modo mais seguro de se corromper um jovem é instruí-lo a manter uma estima mais alta por aqueles que pensam como ele do que por aqueles que pensam diferente dele."
>
> – FRIEDRICH NIETZSCHE, *filósofo*

Eu ainda era criança quando aprendi a gostar de música clássica com o meu pai. Lá pelos idos da década de 1960, tempo que há muito deixou de existir, foi o momento em que ouvi pela primeira vez obras como *Os Concertos de Brandenburgo*, de Johann Sebastian Bach, a *Quinta Sinfonia*, de Ludwig van Beethoven, *Eine Kleine Nachtmusik*, de Wolfgang Amadeus Mozart, ou *Danse Roumainem*, de Béla Bartók.

Naquela época, eu não entendia a importância daqueles compositores nem a complexidade desse gênero musical, muito menos o seu significado cultural ou a quantidade de músicos necessária para formar uma orquestra e executar aqueles sons que despertavam em meu pai tanto interesse e eram tão impactantes para ele. Mas, a despeito de meu desconhecimento infantil, com o tempo e a insistência paterna, aprendi a gostar de todas aquelas músicas.

Ao ser forçado a entrar em contato com aqueles sons, apesar de totalmente a contragosto, tive uma incrível e saudosa experiência sensorial, e isso aconteceu porque, quando eu era jovem, vivíamos na Era da Mídia de Massa, época em que a oferta cultural e de entretenimento era determinada sem levar em consideração a individualidade das pessoas. Aquele contexto foi determinante para minha formação.

Ao longo do século XX, éramos literalmente forçados a dividir, com todos da família, nossos meios de comunicação (rádio, televisores, telefones, entre outros). Se hoje esses aparelhos são praticamente individuais — cada pessoa possui um deles ou até tem um dispositivo eletrônico capaz de desempenhar todas essas funções, como um smartphone —, naqueles anos, a realidade era outra. Para começo de conversa, eles eram objetos caros e exerciam um enorme fascínio em cada um de nós, e o seu uso não era absolutamente livre. Tínhamos de pedir permissão, em muitas ocasiões, para usá-los.

Na constituição da hierarquia familiar daqueles tempos, nossos pais determinavam o uso dado a eles. Se comparado aos dias atuais, os adultos, de maneira muito mais impositiva, decidiam o que víamos e ouvíamos em nossas casas; e é preciso lembrar, naqueles ambientes, os televisores eram eletrodomésticos centrais nas relações de consumo de conteúdo informativo e cultural. Aliás, a chegada deles em nossas vidas nos tomou de assalto. Do nada, a TV entrou em nossas casas pela porta da frente e, imediatamente, ocupou o lugar central da sala de estar.

Desde o seu surgimento, no final dos anos 1930, e sua popularização e seu aperfeiçoamento consequentes, nas décadas seguintes, as TVs foram protagonistas nos mais diversos lares pelo mundo. Transformaram-se no principal canal de comunicação de mídia e entretenimento para as pessoas.

No Brasil, as primeiras transmissões aconteceram em 1950. A partir dessa data, os televisores tornaram-se o meio de comunicação mais popular entre os brasileiros, apesar de, até meados dos anos 1980, terem se mantido como aparelhos eletrônicos caros. Nem todos tinham condições financeiras de possuir mais de um em casa. Então, era comum a família se reunir à sua frente para acompanhar a programação de notícias, shows, novelas, festivais de música, oferecida pelos canais abertos, os únicos existentes. Obviamente, esse comportamento gerava efeitos na vida de todos nós.

Como mídia de massa, a programação televisiva é pensada para agradar ao senso comum da sociedade, reforçando estereótipos sociais e pontos de vista majoritários. Apesar de essa característica ainda ser vigente (e, para muitas famílias, a televisão ainda se manter como principal fonte de lazer e informação), a programação da TV aberta, gradualmente, sofre alterações. Afinal, é insustentável manter a grade de programação como há 50 ou 60 anos, época em que meu pai assistia ao programa *Concerto para a Juventude*, a fim de ouvir as músicas clássicas de que tanto gostava. Apesar de uma enorme resistência inicial, foi a partir dessa circunstância que desenvolvi meu gosto pela música erudita. Afinal, quando eu era criança e adolescente, só tínhamos um televisor em casa, portanto, era obrigado a acompanhar a programação decidida por ele.

Meu pai agregou um valor cultural à minha vida com o seu gosto por música clássica, e esse legado, singular e perene, se estendeu para além da música, influenciou meu comportamento, me transferiu repertório e conhecimento. Depois de adulto, por exemplo, tornei-me assinante do programa de assinaturas da Orquestra Sinfônica do Estado de São Paulo, a Osesp. Com muito prazer, acompanho toda a programação de espetáculos da Sala São Paulo, sede da Orquestra.

A forma como desenvolvi esse gosto musical é exemplo pontual de como aconteceram todas as minhas descobertas culturais e definição de minhas predileções de entretenimento quando jovem. Foi preciso muita "negociação" para reconhecer aquilo que, de fato, me interessava e diálogo para firmar meu ponto de vista. Afinal, como só tínhamos em nossa casa um televisor, um rádio, um toca-discos, a todo momento, era preciso argumentar para fazer valer a minha escolha frente à dos demais, e essa situação foi frequente em meu crescimento, nas mais diversas circunstâncias. Ao mencionar isso, é impossível não me recordar de como era uma aventura acompanhar as partidas de futebol de meu time do coração.

Meu pai era torcedor do Palmeiras; meu irmão, um vibrante são-paulino; e eu, completamente apaixonado pelo glorioso timão, o Sport Club Corinthians Paulista. A despeito de minha paixão pelo Corinthians, muitas vezes, eu era obrigado a assistir, no domingo à tarde, a um jogo do Palmeiras contra o São Paulo; ou do São Paulo contra outro time qualquer.

Por só termos uma televisão em casa, eu era forçado a ver o jogo que a retransmissora decidia exibir ou o canal com a partida de futebol escolhida por meu irmão ou meu pai. Ou seja, em algumas ocasiões, eu via a jogos em que não torcia por nenhum dos times em campo.

Como, por diversas vezes, aquela era a única opção de diversão familiar, acabei gostando do futebol pelo esporte em si, não por um time apenas. O que quero dizer com isso? Como em campo estavam times pelos quais não me interessava, eu direcionava minha atenção a outros detalhes.

Eu apreciava as jogadas mais bonitas; ao mesmo tempo, aprendi a analisar as decisões do juiz e dos bandeirinhas, se o lance era impedimento ou não; o comportamento dos atacantes, da zaga. Eu observava as torcidas nas arquibancadas e a maneira dos técnicos se comportarem à beira do gramado. Ficava atento aos narradores.

Levar minha atenção a todo aquele universo esportivo me fez ter uma compreensão mais objetiva de por que o futebol tornara-se um esporte de massa tão popular e me obrigou a refletir sobre o jogo e suas implicações sociais. Essa atitude só foi possível pelo formato do consumo daquele espetáculo em uma Era da Mídia de Massa.

O DIVERGENTE

Ainda na minha adolescência, assim como tantos outros adolescentes, fui um jovem com visões políticas voltadas à esquerda. De certo modo, naquela fase de minha vida, meu conhecimento político era desafiado e engrandecido pelas acaloradas conversas que tínhamos em casa após assistirmos ao programa de debates políticos *Pinga-Fogo*, exibido pela extinta TV Tupi, Canal 4, em São Paulo.

Ao assistir àquele programa, com a minha visão à época mais à esquerda, eu entendia um socialista como alguém de posicionamento mais adequado. Porém, como a ideia do programa era gerar um debate com perspectivas antagônicas sobre os temas, a produção do *Pinga-Fogo*, em grande parte das ocasiões, confrontava as visões políticas e trazia à cena pessoas de direita, com um olhar mais liberal e conservador para os temas abordados.

Naquelas oportunidades de confronto argumentativo, por mais que minha tendência natural fosse ser contrária à opinião conservadora, dentro de mim, eu refletia sobre os argumentos expostos por quem estava ali representando a direita e me questionava sobre aquela opinião, permitia-me aceitar o estranhamento que ela me causava e considerava que aquela visão poderia estar correta, afinal, o mundo não está limitado por um ideário político específico.

A minha inquietação encontrava eco entre os meus familiares, sobre os assuntos debatidos no *Pinga-Fogo*, pois assistíamos juntos ao programa; por isso, tínhamos a chance de conversar sobre os temas expostos, amadurecendo nossas opiniões individuais.

Revíamos conceitos, nos permitíamos mudar de entendimento. Aquelas conversas em família ampliavam a minha visão de mundo e me davam a sensação de que, apesar das minhas crenças juvenis mais à esquerda, havia interessantes pontos de vista da direita, dignos de reflexão.

Ao longo de meu crescimento, essa exposição a um conteúdo mais genérico e diverso me fez rever vários de meus posicionamentos, despertou o meu interesse por assuntos variados, mas também reforçou minha predileção por temas com os quais já tinha afinidade. Isso era uma prática indiscriminada.

Por estarmos expostos àquela programação ampla e genérica, descobríamos novos interesses, entrávamos em contato com diferentes formas de ver o mundo, tínhamos de conviver mais assiduamente com opiniões divergentes; mas essa realidade mudou. Hoje, os avanços tecnológicos e a caleidoscópica oferta de conteúdo (e as diversas maneiras de entrarmos em contato com essas informações oferecidas) alteram nossa interação social.

Há um certo tempo, já conseguimos selecionar pelo *pay-per-view* apenas as partidas de nossos times de futebol de predileção. Com o Spotify, só ouvimos o estilo musical de nosso interesse. Graças às redes sociais, seguimos quase exclusivamente aqueles que compartilham da nossa visão política de mundo. Dessa maneira, praticamente, decretamos o fim ao contraditório. Deixamos de estar expostos ao divergente com a intensidade e frequência do passado e ignoramos pontos de vista distintos dos nossos. Evidentemente, esse comportamento tem um reflexo direto em nosso cotidiano. Quando nos inserimos nesse contexto de "bolha", cada vez mais nos isolamos em nossos conceitos e preconceitos.

> O contraditório nos forçava a revisitar nossas teses e, constantemente, confirmávamos ou alterávamos nossas crenças, nossos hábitos e nossas preferências.

GLOBALISMO VERSUS TRIBALISMO

A atual dinâmica de interação mediada pelas inovações tecnológicas nos obriga a nos reinventarmos em todos os aspectos de nosso comportamento, e essa reinvenção é ilimitada. Lembra-se da importância das televisões em nossas vidas em meados do século XX? Pois é, ela está arrefecendo e, agora, os executivos da área têm uma gigantesca tarefa à frente. Eles precisam criar novos modelos de programação para assegurar suas audiências e aportes publicitários. Alguns já entenderam a extensão dessa dinâmica, outros ainda se mostram resistentes às incontroláveis mudanças.

É muito caro fazer televisão e, sem o dinheiro dos anunciantes, essa atividade torna-se inviável. Por isso, na busca de novos formatos, os executivos que procuram se adaptar às atuais demandas do setor desenvolvem programas interativos com os telespectadores por meio de aplicativos e plataformas online. Os programas são elaborados em mídias distintas, para testar formatos e interações.

Em alguns casos, eles investem em atrações voltadas a nichos sociais. Ou seja, há momentos mais evidentes em que a TV deixa de falar para a média das pessoas, regra fundamental no início de seu funcionamento, e prioriza algum grupo social, estabelecendo com ele uma comunicação mais direta. Esse comportamento é um dos resultados da revolução da internet em nossas vidas.

> Quando cada um de nós só lê o que quer, só segue quem está de acordo com nossa opinião, só ouve o que gosta e só assiste a filmes que lhe agradam, incentivamos o Tribalismo.

Por todo o mundo, estamos acompanhando o crescimento dessa vertente de nosso Trilema Digital, em âmbito social, econômico e cultural. Geralmente, as questões político-partidárias evidenciam mais rapidamente a sua existência. O crescimento da direita na Europa, por exemplo, é uma resposta tribalista à visão globalista da Comunidade Europeia, que, por princípio, deseja unificar sob a mesma legislação uma região de grande diversidade cultural.

É bom enfatizar que a expansão da extrema direita europeia não deve ser compreendida de maneira simplista, dicotômica, representada pelo embate de direita versus esquerda. Trata-se de uma situação política e social multifacetada.

A maior ação e evidência dos extremistas de direita no continente europeu (um dos aspectos do Tribalismo) existe porque esse grupo populacional tenta se revoltar contra o sistema político imposto pela Comunidade Europeia, que procura eliminar a existência e o crescimento do Tribalismo.

> No fundo, a visão de uma Comunidade Europeia unida e forte em um grande bloco político e econômico é um esforço globalista contra o Tribalismo.

Quando o Reino Unido, ao realizar o Brexit, decide sair da Zona do Euro, a maioria de sua população emite um recado claro. Os britânicos querem autonomia e estão se opondo à burocracia administrativa gerada pela União Europeia. Eles se mostram contrários à centralização política do Parlamento Europeu, localizado em Bruxelas, e à tentativa do bloco de unificar distintas realidades culturais, principalmente quanto às questões econômica e trabalhistas. Nesse momento, a força tribal das pessoas ganha expressão e amplitude e, com isso, os movimentos da extrema direita aparecem radicalizando seu discurso, exigindo independência.

Ou seja, se, de um lado, a integração reduziria o Tribalismo, a enorme máquina burocrática que foi criada acabou gerando incentivo à revolta no sentido contrário.

> O mundo digital gera cada vez mais Tribalismo, por sua vez, em determinadas regiões, a política procura ser menos tribalista, com os governos buscando ser mais globalistas.

Há duas grandes forças em ação no mundo. Uma é a globalizante (como exemplificada pela formação da Comunidade Europeia, que age para transformar fronteiras geopolíticas de dezenas de países em um imenso e único bloco político); e a outra é tribalizante (a exemplo do movimento separatista dos catalães em Barcelona, que se opõe ao governo central espanhol, sediado em Madrid, ou o Brexit, na Inglaterra).

No campo político, o conflito acontece no choque entre essas duas forças em que uma busca se unificar e a outra se independizar. Elas são visões antagônicas e geram o acirramento dos ânimos das pessoas, além de serem cíclicas. Em alguns momentos, a visão mais globalista sai vitoriosa; já em outras ocasiões, o ponto de vista tribal prevalece. A grande dificuldade dessa relação acontece porque o digital exerce um fascínio e uma incrível força sobre o Tribalismo em um momento no qual, política e eticamente, somos forçados a sermos cada vez mais globalistas e universais. A recente pandemia da Covid-19 revelou essa dicotomia, quando se viu que, em momentos graves, a regra é cada um por si e Deus para todos.

A tecnologia oferece às pessoas o que elas mais gostam e, como seres humanos, nossa tendência é gostarmos do que nos é mais confortável. Interessa-nos viver na zona de conforto e, ao garantirmos nossa presença nesses ambientes, recebemos mais do mesmo. Jamais enfrentamos o contraditório. Daí, ironicamente, nos tribalizamos em um momento no qual o mundo nos exige uma atitude globalista. Nós nos fechamos em grupos, mas, em um processo reverso, somos incitados a aceitar hábitos culturais distintos dos nossos, ainda que seja muito mais confortável viver entre iguais; devido aos apelos sociais, contudo, temos de conviver com desiguais (vide o processo migratório para a Europa e os Estados Unidos).

> O contrário da globalização é o Tribalismo. Uma maneira direta de entender essa afirmação e perceber que queremos viver entre iguais é que esta segunda condição nos gera

> conforto, pois não precisamos nos confrontar diariamente.

Quando a internet nos ajuda a viver apenas com quem concordamos, torna-se cada vez mais inviável conviver com as diferenças, gerando uma enorme dicotomia no plano social — uma enorme dissonância cognitiva entre o que eu deveria fazer e o que eu faço; entre o que eu deveria ser e o que sou, o que eu deveria gostar e o que gosto. Essa relação é a síntese de nossa crise.

> O mundo exige cada vez mais pessoas abertas, globalistas e plurais, mas estamos cada vez mais singulares, fechados e tribais.

Na prática, vemos esse jogo de força se materializar quando acompanhamos, em 2019, a volta de um governo de esquerda na Argentina, que tem Cristina Kirchner como um de seus expoentes, depois de um ciclo de gestão de direita capitaneado por Mauricio Macri; e, em outros casos, quando observamos a vitória à presidência dos Estados Unidos, em 2016, de um republicano como Donald Trump ou a condução ao cargo de primeiro-ministro no Reino Unido, em 2019, de um político conservador como Boris Johnson.

É interessante perceber que esses fatos, entre inúmeros outros, apenas exemplificam o aparecimento de forças iguais, porém contraditórias. Normalmente, forças contrárias se anulariam, mas o que vemos na política mundial é a consolidação de poderes semelhantes, contudo, contraditórios uns em relação aos outros. Longe de se anularem, da força de um grupo arrefecer a do outro, eles transformam-se em forças contrariamente poderosas e absolutamente iguais.

O ENGAJAMENTO E AS NOSSAS DIFERENÇAS

Normalmente, há nas pessoas uma busca pelo pertencimento. Elas querem fazer parte de um determinado agrupamento, identificar-se com um contexto e se inserir nele.

Por meio dos algoritmos, da Inteligência Artificial, do Big Data, o mundo digital reforça e evidencia esse senso de pertencimento, esse comportamento tão humano, ao oferecer às pessoas aquilo que elas mais querem ou acham que precisam, mas não necessariamente o que, de fato, é relevante para elas, a despeito dos grupos.

As divisões sociais, econômicas, regionais, de sexo, gênero, entre tantas outras, estão se acentuando principalmente pelo espaço conquistado pelo debate de temas controversos nas redes sociais. Grupos se organizaram uns contra os outros para fazer prevalecer suas ideias, e, no afã de se verem "donas da razão", as pessoas abriram a temporada do vale-tudo para expressar seus pontos de vistas. Elas encontraram, na internet, campo fértil para disparar seus petardos argumentativos, muitos em formato de fake news. Essa ação pode ser resumida da seguinte maneira: *Se você não concorda comigo, você é meu inimigo, portanto, sua opinião não merece meu respeito. Eu vou procurar quem pense igual a mim e me juntarei com essas pessoas contra você. Nós vamos aniquilar você (o outro).*

As redes sociais, que, em seu princípio, foram criadas para a convivência entre os diferentes, para ampliarmos nosso espectro de convivência, para a empatia, foram sendo desvirtuadas ao longo do caminho com a maior presença dos algoritmos e toda a possibilidade trazida por eles de selecionarmos quem desejamos seguir e quem nos segue. As ferramentas em busca de engajamento nos distanciaram.

A virtualidade das discussões materializa comportamentos antagônicos e tem sido lastro para a dissolução de inúmeras relações fraternais, afetivas e profissionais. De certa forma, a partir da segunda metade dos anos 2010, a sociedade brasileira, por exemplo, passou a viver sob o lema de "tolerância zero" em relação ao posicionamento do outro. Mais recentemente, inclusive, demos início à cultura do "cancelamento", em que as pessoas, em reação a determinado comportamento, fala ou atitude de alguém, decidem "cancelá-la", ou seja, boicotá-la em seu trabalho ou deixar de ter algum tipo de laço pessoal. Essa conduta atinge tanto empresas como pessoas. O "cancelamento" foi inclusive entendido como um dos comportamentos mais significativos no ano de 2019.

Sobre esse assunto, é interessante observar o que o historiador Leandro Karnal aponta em algumas de suas falas. Estamos em uma época em que dispomos de inúmeras possibilidades para expressar nossa opinião sobre todo e qualquer assunto e "isso é bom". Mas precisamos, como Karnal enfatiza, observar a distinção entre opinião e argumentos.

"Vivemos um tempo de surdez e cegueira. Ninguém escuta a opinião do outro." Isso acontece, efetivamente, porque formamos nossa opinião a partir de questões imponderáveis, por nossos impulsos afetivos, por nossas experiências; assim, não precisamos de fatos objetivos para demonstrar por que gostamos ou acreditamos no que opinamos; trata-se de uma condição subjetiva.

"A opinião se transforma em crença e, como tal, ela tem seu poder, produz lógicas internas. E no campo da crença, que também tem seu valor, eu não posso discutir, porque somos levados por paixões e queremos que nossa opinião prevaleça sobre a opinião do outro", reforça

Karnal. Esse comportamento é completamente distinto da necessidade de utilizarmos argumentos para expressar nosso pensamento.

A elaboração de argumentos implica uma análise objetiva dos fatos. Como eles podem ser demonstrados, mensurados, eles podem ser confrontados, e essa condição é um diferencial básico para nossas interações — nos ajuda a progredir.

> Ninguém fará diferença neste mundo se não aceitar o diferente.

O contraditório me força a rever minhas preferências, me dá uma visão mais abrangente das circunstâncias, a exemplo do que acontecia quando tínhamos o hábito de Compartilhamento das mídias em família. Aquilo nos fazia descobrir coisas novas. A internet, por sua vez, acaba com essa dinâmica e propicia o surgimento de bolhas de convívio. Incentiva entrarmos em contato com mais do mesmo — mais pensamentos parecidos com o meu, mas interesses semelhantes aos meus, mais análises iguais às minhas —, expondo uma grande contradição, porque a estrutura do mundo pós-digital propícia a consolidação de nossa individualidade, e isso é fantástico. Essa condição nos favorece de inúmeras maneiras e fará nossa sociedade avançar.

Nesta nova era, seremos um universo à parte, respeitados pela integralidade de nossas características, com capacidade de influir em larga escala em nossas comunidades. Todas as pessoas serão agentes de mídia, formadores de opinião e geradores de conhecimento cada vez mais compartilhado. Não podemos esquecer esses fatos, mas temos de reconhecer que essa condição pode nos distanciar uns dos outros. Podemos nos ensimesmar facilmente.

A FILTER BUBBLE

Há alguns anos, nosso comportamento mais tribalista ganha a atenção das mais variadas personalidades em diversos setores da sociedade. São pessoas com certa liderança em suas atividades, refletindo sobre o impacto dessa condição em nosso cotidiano.

Uma dessas vozes de referência nesse debate é a do ativista e fundador do MoveOn.org e da Avaaz.org (sites de incentivo à organização da sociedade civil para influenciar os processos políticos dos países), Eli Pariser, também autor do best-seller *O Filtro Invisível: O que a internet está escondendo de você*. Nessa obra, ele demonstrou como as grandes empresas de tecnologia "personalizam" a informação oferecida pelos meios virtuais ao aplicar "filtros" ao conteúdo disponibilizado por eles.

Na prática, é como se elas estivessem customizando uma gigantesca timeline de nosso comportamento, criada a partir de nossas preferências, em vez de nos oferecer atividades ou assuntos realmente necessários. É um processo de ensimesmar-se.

Quando curto um comentário crítico à teoria da Terra plana, passo a receber, consequentemente, diversas outras postagens e material contrário à ideia da Terra plana. Assim como, se sou favorável a uma política econômica liberal e demonstro minha visão econômica curtindo posicionamentos liberais, logo, recebo majoritariamente textos que reafirmam esse ponto de vista.

Se for em busca de algum engajamento, os algoritmos consequentemente me darão mais do mesmo. Sem parar, eles me municiam com variações de meu ponto de vista. Em uma figura de linguagem, é como se os algoritmos tivessem recebido uma ordem expressa de Mark Zuckerberg para reafirmar, por meio de um mesmo ângulo de análise, meu engajamento em determinados assuntos, porque, quando o algoritmo busca nos engajar, ele procura os nossos assuntos prediletos.

Para os algoritmos, missão dada é missão cumprida, e eles são ferramentas extremamente capacitadas para perceber nossa visão de mundo e nossos gostos. A partir dessa capacidade, procuram na internet por conteúdo que corrobore nossas predileções. Por isso, terraplanistas só recebem informação para reforçar seu entendimento de mundo, assim como os defensores do aquecimento global, quem é contrário à energia nuclear, quem acredita em OVNIs etc.

Se amanhã eu chegar à conclusão de que ser vegano é extremamente importante para a minha vida, a internet vai passar a me entregar uma infinidade de matérias demonstrando como ser vegano, de fato, é melhor para a minha saúde, reforçando a minha crença no veganismo e o perigo vivido por quem não é adepto a essa prática alimentar. A internet é um espaço propício para a ampliação desse tipo de exagero e antagonismo.

Por isso, ao tratar desse tema e desses exageros, Eli Pariser criou a expressão "a filter bubble" (a bolha do filtro), em que descreve um estado de "isolamento intelectual" decorrente da ação dos algoritmos programados pelas empresas para mapear os acessos de todos nós à internet. Assim, as corporações e seus sites seriam capazes de predizer quais são os assuntos mais relevantes para serem mostrados a cada um de nós a partir da verificação de nossos clicks na rede.

Hoje, essa conclusão pode soar óbvia, afinal, quem nunca se viu "perseguido" por um anúncio de algum produto ou serviço que, em um determinado momento, fizemos uma pesquisa para saber se deveríamos comprá-lo?

Graças aos algoritmos de monitoramento, os responsáveis pela inserção de anúncios na internet podem alcançar uma sincronicidade inédita a partir de um processo estruturado de publicidade e marketing. Como profissional dessa área, há alguns anos, reflito sobre a importância de o setor criar, de forma adequada, ações de sincronicidade publicitária.

Há inúmeras maneiras para se fazer a inserção sincrônica de anúncios; tecnicamente, essa ação é chamada de retargeting, e o bom senso é um aliado decisivo para executarmos essas tarefas, principalmente quando ele adverte quanto à cautela sobre o uso abusivo dessas técnicas. Mas o problema é que estamos em uma fase na qual o Big Data não está sendo usado em todas as suas dimensões e alcance. Vivemos em um período de nossa história em que estamos no meio do caminho.

Por estarmos em um processo de evolução mediada pelo surgimento de novas tecnologias, lidamos com um quadro de aparecimento de meias verdades, principalmente na área comercial, porque as marcas ainda utilizam a tecnologia de forma parcial, para obter todos os aspectos das situações de consumo.

Como as informações ainda não chegam absolutamente completas aos departamentos de marketing das empresas, eles acabam por estruturar um trabalho a partir de meias verdades. E, vale destacar, nesses casos, o conhecimento incompleto é pior do que a ignorância completa. Por isso, as pessoas estão se sentindo cada vez mais irritadas com o retargeting equivocado, porque ele se constrói a partir de informações parciais sobre certas circunstâncias de nossas vidas, principalmente nossos hábitos de compra.

Departamentos de marketing fazem uso de determinadas ferramentas tecnológicas de forma bastante equivocada, por não conseguir dimensionar toda a multiplicidade de nossas predileções. Como efeito imediato da precariedade das análises elaboradas baseadas em informações incompletas, as pessoas ficam cada vez mais aborrecidas por se sentirem constantemente perseguidas por anúncios de determinados produtos ou serviços que um dia, por um motivo específico, as interessaram.

Nós nos tornamos vítimas de uma "perseguição publicitária". São inúmeros os exemplos dessa "perseguição". Um comum está ligado a quem, eventualmente, gosta de beber uma garrafa de vinho. Sem saber, essas pessoas podem estar se envolvendo em uma história sem fim de anúncios virtuais sobre os mais variados tipos, safras e sabores dessa bebida. Explico.

Quando vamos a um empório em busca de uma garrafa de vinho ou procuramos ofertas e lojas pela internet, essa ação fatalmente é incorporada pela rede de algoritmos existente do departamento de marketing das empresas que vendem essa bebida. Ou seja, uma despretensiosa consulta por rótulos e valores de vinhos pode resultar em um processo incessante de oferta das mais variadas promoções. Inesperadamente, passamos a receber incontáveis anúncios — e tem de tudo, desde o convite para a degustação de rótulos exclusivos em inaugurações de novas unidades de lojas, à sugestão para se filiar a wine clubs, até a indicação de inesquecíveis viagens por tradicionais roteiros de plantio e produção de uvas. A criatividade em termos dos anúncios é ilimitada.

Para que, de fato, os departamentos de marketing entendam o interesse específico de alguém por um produto como uma informação de Big Data, as marcas precisam compreender aquele possível cliente de forma mais ampla, mais gestáltica. O que caracteriza a predileção por um determinado produto ou serviço é o histórico de compra e de consumo de mídia da pessoa. Atualmente, esse histórico é mais acessível, ele é encontrado junto às redes sociais, pelo nosso comportamento virtual. É simples de entender.

Se, quando eu vou a um restaurante, tenho por hábito pedir algum vinho para acompanhar minhas refeições, ou se nas contas de meus jantares sempre aparece registrado o valor de uma rolha, demonstrando que tenho por costume levar uma garrafa de vinho para os restaurantes; ou se, em minhas viagens, compro diversas garrafas da bebida para trazer para casa; se sigo no Twitter contas que falam sobre vinho; se leio sobre o assunto nas redes sociais; se assisto a filmes sobre a produção de vinho pelo YouTube, aí, sim, teria lógica para as empresas me mandarem continuamente informações sobre vinho.

Entretanto, é inócuo, e uma ação completamente irritante, quando me torno alvo das mais diferentes ofertas da bebida só porque, furtivamente, comprei uma caixa ou algumas garrafas de vinho apenas para o consumo de amigos em uma festa. Esse trabalho de retargeting não vai ao encontro do meu interesse, pelo contrário, cria uma antipatia e distância em relação ao produto — e isso é válido para qualquer oferta de serviço ou produto. Exemplos não faltam.

Em minhas próximas férias, planejo ir à Itália. Com os destinos em mente, procuro as melhores ofertas de hotéis ou de Airbnb nas cidades onde quero me hospedar. Malas prontas, embarco e sigo para as atividades programadas, incluindo, obviamente, o uso das reservas das hospedagens. Faço todos os passeios como previsto, registrando tudo em minhas redes sociais. Sobram fotos e selfies, inclusive, de meu regresso, chegada em casa e retorno ao trabalho, afinal, as postagens não param nunca.

Mas qual não é a minha surpresa ao constatar que, meses depois de ter concluído minha viagem, continuo recebendo, insistentemente, propagandas de hotéis na Itália, quando já não preciso saber mais nada sobre essas ofertas. Minha próxima viagem de férias, inclusive, nem sequer seria para a Europa. Porém essa equivocada insistência de propagandas de hotéis italianos acontece porque as empresas não seguem a minha jornada de consumo. Elas não usam as ferramentas de Big Data como deveriam ser usadas e subutilizam seu potencial.

Os profissionais responsáveis pelas ações de retargeting estão munidos de informações parciais, fatos incompletos sobre minha jornada de consumo e pautam suas atividades a partir de algumas "migalhas" (*breadcrumbs*) de meu histórico que conseguem capturar pela internet. Essa ação é falha e gera ruídos na comunicação.

Para se ter eficiência em retargeting com as ferramentas de Big Data, é preciso acompanhar a jornada do consumidor pelo uso dos dados estruturados, como minha renda, onde moro, o que compro, associados às minhas atividades hoje, ao que fiz ontem e ao que estou planejando fazer. É preciso realizar uma ampla análise entre os dados estruturados e não estruturados da minha vida para se obter um cenário preciso de minhas ações.

> O Big Data que ainda alimenta o retargeting precisa ser muito mais profundo do que aquele que é feito atualmente, porque este está sendo elaborado a partir de um único ponto de contato e não da jornada do consumidor, como deveria ser.

O problema criado pelo algoritmo, ao tribalizar as pessoas, tem um lado positivo do ponto de vista de consumo. Esse aspecto se manifesta quando a tecnologia nos oferece o produto desejado no momento em que necessitamos de informações sobre ele para decidirmos nossas compra.

Se, por exemplo, quero comprar uma smart TV de 55 polegadas, adoraria receber a maior quantidade possível de oferta de preços, locais onde posso encontrar os modelos mais modernos, detalhes das vantagens e desvantagens de cada um dos fabricantes, entre tantas outras informações pertinentes para me decidir. Mas, depois de efetivamente ter comprado a televisão, já não preciso mais receber a mesma quantidade de informações sobre o produto. Meu interesse de consumo já é outro.

> É extremamente positivo quando os algoritmos conseguem adequar o marketing e as ofertas de produtos às minhas necessidades, mas essas ações precisam ser muito bem feitas.

Os profissionais das empresas anunciantes devem estar mais atentos às informações disponíveis para estabelecer as relações de venda. Eles precisam entender meu comportamento de consumo e buscar maneiras distintas para me encaminhar os produtos que desejam anunciar.

Dentro da tecnologia oferecida, há formas para se estabelecerem verificações mais precisas sobre o hábito de consumo das pessoas. Um bom começo para quem se encontra em ambientes comerciais de venda é a elaboração das perguntas corretas sobre os consumidores, questionamentos individualizados.

Vivemos em uma era na qual a individualidade importa muito nas relações, sejam elas quais forem. É preciso considerar o indivíduo e suas características, algo que o Tribalismo tende a subverter.

Em 2011, quando Pariser previu em suas teorias o isolamento intelectual ao qual estaríamos submetidos em sociedade, como uma das decorrências do uso irrestrito de "filtros" no universo online para rotular nossos comportamentos, ainda estávamos em uma situação muito prematura dessa condição que, ano a ano, se agiganta.

A ação dos filtros e dos algoritmos têm um complexo e amplo alcance em nossas vidas, por isso, é urgente compreendermos tanto teoricamente quanto na prática como devemos evitar o aprofundamento de comportamentos tribais em nossos relacionamentos.

A ACEITAÇÃO DO OUTRO

Reforço, nunca a sociedade exigiu tanta aceitação das diferenças e nunca foi tão fechada em tribos cada vez mais convictas de suas certezas. No fundo, as pessoas disruptivas são aquelas capazes de entender esse preceito contemporâneo e "quebrá-lo" de forma pragmática.

O verdadeiro fim do Tribalismo é aceitar que alguém possa ter uma visão radicalmente oposta à minha e, mesmo assim, garantir a essa pessoa o direito a expressar incondicionalmente o seu pensamento. Esta não é uma situação simples de ser estabelecida, requer um desenvolvimento muito grande de empatia com o argumento do outro e o convívio com ideias que confrontam o politicamente correto.

É importante lembrar que, se por um lado, o Tribalismo é algo a se combater por nos separar e nos afastar de um desenvolvimento comum, por outro, é preciso entender que o politicamente correto é uma forma de Tribalismo. Quem é tachado de imbecil por ser contra as teorias do aquecimento global, por exemplo, está sendo alvo de uma ação tribal.

O Tribalismo não se expressa simplesmente por sermos de tribos contrárias. Muitas vezes, ele se faz presente quando tentamos nos insurgir contra uma ideia dominante, aceita pela maioria como a correta, portanto, entendida como algo incontestável. Nesse caso, o Tribalismo se materializa ao calar a voz discordante, dissonante.

Quando uma pessoa de esquerda entender que a direita tem pontos de vista que fazem sentido como forma de se chegar a uma sociedade mais igualitária, aí, sim, estaremos mais próximos do fim do Tribalismo político.

Quando entendermos que não devemos analisar as questões salariais, de promoção ou de emprego pela questão de gênero, mas focar as competências individualizadas de cada um, daremos mais um passo para findarmos o Tribalismo que antagoniza homens e mulheres no mercado de trabalho.

> Uma sociedade que exige a aceitação da diferença é uma sociedade que aceita não somente quem concorda comigo, mas, sobretudo, quem discorda de mim. Assim, conseguiremos obter o verdadeiro fim do Tribalismo.

A disseminação do politicamente correto nos gerou uma tribo global, quase uma contradição em termos. De certa maneira, quando as pessoas se opõem ao politicamente correto, elas estão se opondo ao Tribalismo, porque, é pertinente lembrar, a criação de sunas e estamentos muito grandes, por vezes em nível mundial, nos tribaliza.

Nenhum assunto tem consenso absoluto, mesmo quando estamos abordando temas extremamente sensíveis, de forte apelo humanitário, como o processo migratório dos últimos anos para a Europa.

A maioria das pessoas pode até ser a favor do acolhimento por quem desesperadamente tenta entrar na Comunidade Europeia, buscando saída para as mais adversas realidades em seus países. Mas, a despeito da gravidade dessa situação, precisamos respeitar vozes contrárias a esse fato. Temos de garantir o espaço de expressão para quem argumenta contra esse acolhimento.

A aceitação das diferenças não pode ser válida somente quando aceitamos o pensamento majoritário existente. O fim do Tribalismo não acontece apenas quando um dos lados em questão vence uma disputa de argumentos.

> O fim do Tribalismo reside no respeito, convívio e entendimento das diferenças.

O mundo não pode ser visto como um aglomerado de fanáticas torcidas de futebol, em que o torcedor adversário deve ser combatido. A visão não tribalista das diferenças é entender que um jogo de futebol é apenas um esporte e que o torcedor do time oponente é uma pessoa tanto quanto qualquer torcedor do meu time; portanto, é alguém merecedor do mesmo carinho, atenção e respeito que ofereço a quem torce em conjunto comigo. Se agíssemos dessa maneira, acabaríamos com as históricas e irracionais brigas nos estádios. Seria o fim do Tribalismo no futebol.

Não existe possibilidade de fazermos diferença em sociedade se não compreendermos e, sobretudo, aceitarmos as características singulares, seja elas quais forem, dos nossos semelhantes. Esse comportamento nos mantém em conexão com um fluxo de mudança, nos adapta às novas realidades, não só em termos de equipamentos tecnológicos, mas, antes de tudo, em relação ao aparecimento de comportamentos e circunstâncias sociais.

O contraditório precisa ser legitimamente aceito.

CAPÍTULO 5

O OUTRO E A SUA IMPORTÂNCIA

"As novas tecnologias, como a inteligência artificial, podem eliminar muitas vantagens da democracia e corroer ideais de liberdade e igualdade tão importantes para nossas sociedades. Se não tomarmos as medidas corretas, o advento dessas tecnologias pode concentrar ainda mais o poder entre uma pequena elite."

– YUVAL NOAH HARARI, *escritor, filósofo e historiador*

Na década de 1950, mundo afora, as sociedades estavam se reinventando. Alguns anos antes, em setembro de 1945, havíamos presenciado o fim de um dos maiores conflitos bélicos de nossa história, a Segunda Guerra Mundial. Por isso, os anos seguintes ao seu término representaram a possibilidade de um recomeço. Eles foram disruptivos.

Liderado por Adolf Hitler, o Terceiro Reich fora capturado e o mundo acompanhava o surgimento de uma nova potência militar e econômica, os Estados Unidos da América. Pelo fato de termos suplantado a tirania dos países do Eixo, ao derrotarmos a máquina do exército nazista, o mapa de influência geopolítica foi redesenhado. Nesse ambiente de mudança, surgia um novo mundo, por assim dizer. As décadas imediatas aos anos 1940 foram momentos férteis para o aparecimento de novos costumes, aumento do consumo, estabelecimento de novas pesquisas científicas, entre elas, os estudos do comportamento.

Faço essa breve contextualização temporal para mencionar o surgimento da psicologia cognitiva, área da qual deriva o termo imunização cognitiva, um dos pilares para o entendimento teórico do Tribalismo.

Considerado por muitos como criador da teoria da psicologia cognitiva, o psicólogo Ulric Neisser teria sido a primeira pessoa a utilizar a expressão "imunização cognitiva".

O começo da vida de Neisser seguiu um roteiro comum a vários dos seus contemporâneos nascidos em famílias judias, no final dos anos 1920, na Alemanha pré-nazista. Nessa época, pressentindo a perseguição estabelecida por Hitler, famílias inteiras abandonaram suas casas e emigraram para países distantes do continente europeu.

Do outro lado do Atlântico, os Estados Unidos se transformaram em porto seguro para muitas dessas pessoas, incluindo os Neisser. Lá, Ulric cresceu e fez seus estudos e, na efervescência da década de 1950, aprofundou seu interesse pelo comportamento humano. Para ele, haveria a possibilidade de fazer medições objetivas do pensamento, surgindo, de suas teses, o que viria a ser conhecido como psicologia cognitiva.

De forma simplificada, esse estudo se refere ao armazenamento, à elaboração, ao arquivamento (memória) e à expressão de estímulos sensoriais, transformados por nosso cérebro em nosso comportamento. Ou seja, podemos entender o conjunto de nossas atitudes pela análise de nossos processos mentais. A psicologia cognitiva foca a razão pela qual as pessoas tomam suas decisões. Portanto, é um dos caminhos para o entendimento do Tribalismo e de seu impacto na sociedade.

Como seres humanos, tendemos a acreditar em suposições defendidas em larga escala em vez de nos atermos às evidências para, objetivamente, avaliarmos os acontecimentos, isolando assim mentiras e invencionices contadas. Isso acontece pelo fato de usarmos "atalhos mentais" para entender o mundo ao nosso redor. Esses "atalhos" seriam regras estabelecidas de maneira inconsciente para facilitar nossa compreensão mediante a infinidade de informação que nos chega constantemente.

No mundo digital, essa característica de nosso comportamento catapulta a disseminação do Tribalismo. A internet é campo fértil para essa dinâmica, na medida em que ela possibilita nos relacionarmos exclusivamente com nuances de nosso pensamento e o contraditório é eliminado em decorrência da ação dos algoritmos, consolidando assim a imunização cognitiva, como já destacado, escudo ao qual as pessoas se agarram com seus valores e credos contra todas as evidências contrárias.

A saber, existem ao menos três fases no processo de imunização cognitiva:

▷ **Fase 1:** O isolamento de quem tem opiniões contrárias, protegendo suas ideias. A pessoa, aos poucos, elimina de seu convívio ou mesmo de sua atenção quem pensa diferente.

▷ **Fase 2:** A redução da exposição às ideias contrárias. Passa a ler e ouvir apenas as opiniões em linha com seus credos.

▷ **Fase 3:** A associação a grupos que trabalham para combater as ideias dos grupos contrários. Isso acontece não só em política, mas até mesmo na ciência.

Mas a imunização cognitiva não está só na formação do Tribalismo. Outro aspecto de nosso comportamento absolutamente decisivo para o seu surgimento está relacionado aos estudos da teoria do viés cognitivo (tema tão significativo e amplo que será o assunto de meu próximo livro).

Sem dúvida, o viés cognitivo é um dos aspectos de nosso comportamento que mais contribui para a existência do Tribalismo. Ele pode ser entendido como uma deficiência ou limitação em nossa forma de pensar. É uma falha de julgamento, que se materializa por erros sistemáticos de pensamento, afetando nossas decisões.

O viés cognitivo surgiu há milhares de anos como um mecanismo de defesa desenvolvido por nossos ancestrais que, por estarem expostos a ambientes extremamente hostis, não dispunham de muito tempo para tomar suas decisões. Eles precisavam agir rápido porque os perigos eram iminentes. Este é um aspecto mais social de sua manifestação. Podemos entender, ainda, o viés cognitivo por uma explicação biológica, por nossa constituição orgânica, química.

Precisamos de uma quantidade significativa de energia para fazermos nosso cérebro funcionar e estarmos com nosso corpo ativo. Por isso, nosso organismo busca meios para poupar energia. Nesse sentido, o viés cognitivo funciona como short cuts ("atalhos mentais") a fim de guardar mais energia para o nosso funcionamento cerebral.

O tempo todo recebemos milhares de informações. A cada segundo, nosso cérebro é estimulado por fontes informativas distintas. Para lidar com o desafio de compreensão e tomada de decisão diante de tantas possibilidades de ação, nossa mente aciona o caminho mais curto para se decidir, lançando mão de algum viés cognitivo.

Ao longo dos anos, desenvolvemos uma série de vieses cognitivos — cerca de 180, para ser mais preciso. Dentre todos eles, o viés de confirmação está intrinsecamente ligado ao Tribalismo. Por meio dele, focamos uma informação que confirma nossas crenças, nossas opiniões consolidadas. Este é um comportamento natural, afinal, buscamos informações para corroborar nossas teses.

Essa estratégia foi desenvolvida pelo nosso cérebro para nos poupar energia, porque lidar com o contraditório é extremamente desgastante. Quando nos vemos em ocasiões que discordamos, precisamos criar argumentos e aumentar nossa capacidade cerebral para enfrentá-las. E, vale lembrar, gostamos de manter nossas crenças — comportamento este que alicerça o Tribalismo.

> Graças ao viés de confirmação, toda informação ambígua se torna confirmatória. Ele funciona como um reforço de nossos preconceitos.

O viés de confirmação é também identificado como viés confirmatório ou de tendência de confirmação. Por ser apontado como um "erro de raciocínio indutivo", descreve o ato de as pessoas reunirem ou recordarem fatos e informações de maneira seletiva ou na medida em que interpretam esses acontecimentos de forma tendenciosa, pois têm como objetivo confirmar seu ideário, suas crenças. Esta é, basicamente, a atitude tomada pelas pessoas no Tribalismo, principalmente quando estão envolvidas em situações de grande carga emocional ou querem expressar convicções profundamente arraigadas. Nesses cenários, a objetividade dos fatos tem pouca ou nenhuma relevância. Para a pessoa inserida nessa circunstância, o que importa é a convicção, a certeza de se sentir correto, de reafirmar seu ponto de vista e interpretar qualquer evidência, mesmo que ambígua, para sustentar determinadas posições já existentes.

Ao vivermos o viés de confirmação, nos mantemos persistentes em nossas crenças, mesmo quando elas são demonstradas falsas; e fazemos inúmeras correlações hipotéticas, mentirosas. Associamos situações e argumentos para defendermos nossos pontos de vista. Sendo assim, vale recordar um ditado popular extremamente oportuno para exemplificar esse comportamento: "Para quem tem um martelo, toda solução é prego."

> O Tribalismo desencadeia a imunização cognitiva, escudo ao qual as pessoas se agarram com seus valores e credos mesmo quando as evidências, os fatos, as contradizem.

O ISOLACIONISMO E SEU EXTREMO

É preciso lembrar que quando chegamos ao extremo da imunização cognitiva e do viés de confirmação, como indivíduos e sociedades, adoecemos. Estamos propícios a comportamentos totalitários, autoritários e arbitrários. Criamos espaço para vivermos em um completo isolamento social e não admitimos ter nossas ideias refutadas.

Preocupados com essa situação, os sistemas de saúde de alguns países, assim como inúmeras pesquisas acadêmicas, apontam o uso da tecnologia como um dos elementos facilitadores para o surgimento de comportamentos isolacionistas tão radicais, de certa maneira, reflexo de um Tribalismo extremado. Entretanto, os cientistas e demais autoridades médicas envolvidas com esses estudos afastam a demonização superficial e desnecessária em relação aos avanços tecnológicos. Para eles, nossa hiperconectividade pode, sim, aprofundar a imunização cognitiva e o viés de confirmação, mas não necessariamente os provoca. É preciso considerar a combinação de outros fatores culturais para se estabelecer um comportamento tão severo de isolamento social, a exemplo do que a sociedade japonesa faz para lidar com esse assunto.

Na Terra do Sol Nascente, estatísticas oficiais revelam: mais de meio milhão de japoneses vivem isolados do convívio em sociedade. Dados extraoficiais, contudo, indicam uma quantidade bem maior de pessoas nessa condição. São os chamados *hikikomoris*, termo utilizado para identificar pessoas solitárias que se afastaram de qualquer contato social. Algumas, inclusive, se mantêm dentro de casa por anos. Nunca vão às ruas. E, como se estivessem em uma quarentena, esperam o fim de uma contaminação que nunca acaba.

Obviamente, casos tão drásticos assim são condições que refletem distúrbios psiquiátricos, resultantes de diversos fatores, como estresses traumáticos por relações abusivas, violência, amadurecimento da personalidade em um contexto familiar desestruturado, entre outros. Porém, quando essas condições são aliadas à dinâmica da tecnologia em suas vidas, principalmente, pelo uso das redes sociais, a situação de enfermidade dessas pessoas se agrava, resultando no recrudescimento desse isolamento.

A própria definição desse comportamento tão acentuado de inadequação social é bem anterior à disseminação da tecnologia. O termo *hikikomori* foi definido em 1998 pelo psicólogo japonês Tamaki Saito, com a publicação de seu livro *Isolamento Social: Uma adolescência sem fim*. A evolução dos estudos comportamentais, por sua vez, aponta para o fato de a tecnologia acentuar o isolamento para alguns tipos de personalidades ou determinados momentos de vida. Alguns tendem a se isolar mais ao usar certas ferramentas tecnológicas. Essa condição tem sido denotada mundo afora.

Em Barcelona, estudos de casos de pessoas com grave comportamento de isolamento apontaram o vício em internet como fator preponderante para a adoção dessa atitude. Os resultados encontrados ainda foram vistos pelos pesquisadores como pontuais, mas eles preveem crescimento dessas estatísticas quando, de fato, não tivermos mais divisões tão claras entre nossas atividades online e offline.

Alertas como esse são interessantes para, como sociedade, podermos nos preparar melhor para lidar com possíveis efeitos negativos dos ganhos que temos com a introdução da tecnologia em nossas vidas. Ao dimensionarmos o problema, podemos encontrar saídas mais efetivas, oferecer um apoio mais qualificado para determinadas situações.

Numa época em que conseguimos fazer as mais diversas atividades sem sair de nossas casas, como trabalhar remotamente, acompanhar nossos investimentos online, fazer compras, conhecer pessoas e até nos relacionar amorosamente com a mediação de nossos aparelhos tecnológicos, é preciso, sim, estarmos muito atentos a essa condição, que nos traz tantos benefícios, para que não comprometa nossa saúde, não amplie a imunização cognitiva ou nos determine um mundo efetivamente tribal. A chegada global da Covid-19 no início de 2020 agudizou essa tendência, isolando pessoas de seu convívio social.

Quando estamos organizados em sociedade, coletivamente, a combinação das fases da imunização cognitiva é fomento para a censura de expressões dissonantes da maioria. Tenta-se regulamentar os mais diversos aspectos de comportamento, inclusive, vários de foro exclusivamente íntimo, como questões relacionadas ao exercício da fé ou à orientação sexual. Na prática, extingue-se a isonomia de tratamento aos assuntos.

Sociedades com forte presença de imunização cognitiva e viés de confirmação são ortodoxas em seus valores, e essa característica pode existir sob qualquer organização governamental no Ocidente ou no Oriente. Esses estados sociais têm forte apelo emocional. É como se houvesse uma punição à espreita de quem não estiver alinhado com a ideia majoritária. A vida de quem discorda parece estar sempre à beira da extinção, acirrando, consequentemente, pensamentos opostos.

Os grupos se digladiam pela repetição infinita de suas crenças e desvalidam os argumentos contrários. Nesse sentido, é bom lembrar: os algoritmos impulsionam o Tribalismo, ao estabelecerem convívios selecionados por características individuais, escolhas e interesses pessoais, em detrimento de um pensamento coletivo mais abrangente, menos personificado. Os resultados dessa combinação são sempre os mais improváveis, mas o Tribalismo não pode ser confundido com espírito competitivo ou concorrência acirrada. Em uma empresa, por exemplo, precisamos incluir as verdadeiras diferenças, pois elas são fundamentais para o desenvolvimento das corporações.

> Concorrência e espírito competitivo são condições saudáveis e desejáveis no comportamento humano, sobre tudo quando temos espaço para o seu exercício nos ambientes profissionais.

Em qualquer organização corporativa, é fundamental que tenhamos o espírito de competição. Essa condição impulsiona as carreiras, dinamiza a relação entre os departamentos, e as empresas só têm a ganhar com atitudes dessa natureza.

As corporações crescem e se diversificam quando seus funcionários buscam dar o seu melhor e instigar os seus colegas a também oferecer o seu melhor para se destacar e entregar um trabalho único, diferenciado. Essa dinâmica é um exercício de competição cooperativa.

Ao tentar se sobressair, o profissional observa o desempenho do seu colega para se aprimorar. Isso, contudo, não deve gerar desprezo e não é uma prerrogativa para ser desleal, para sonegar informações com o claro propósito de comprometer negativamente a performance da outra pessoa. Por isso, é preciso ficar atento, se manter firme eticamente e agir com muita transparência.

Temos de extinguir o Tribalismo corporativo representado pelos clássicos exemplos da dinâmica entre os "antigos funcionários vs. novos" ou a "turma da fábrica vs. a do escritório". Quando existem divisões de grupo dessa natureza, a gestão das empresas tem um grave problema de relacionamento e comunicação a resolver. Atitudes discriminatórias entre as diversas áreas de uma corporação só comprometem o seu desempenho de produção e a sua saúde financeira; afinal, quando as equipes de trabalho jogam umas contra as outras, todos perdem.

Outro exemplo bastante comum de ação nefasta do Tribalismo acontece nos processos de fusão e aquisição entre empresas. Nessas ocasiões, a ação do Tribalismo representa uma parcela significativa do estresse gerado pela tentativa de unir culturas empresariais. Quando ele prevalece nessas ocasiões, o que se estabelece é o comportamento contraproducente do "nós contra eles". Há uma disputa de poder. Quem chega quer mandar; quem já estava não quer tornar-se redundante e ser colocado de lado. Um lado age com arrogância e desprezo; o outro, com medo e resistência.

Quando essa dinâmica se impõe, há uma perda brutal de energia com assuntos completamente correlatos, principalmente os comportamentais, que prejudicam toda integração das atividades. O desgaste nessas situações é inevitável. Como as pessoas estão tão fechadas em suas culturas organizacionais, elas não abrem espaço para a compreensão do novo e tentam ignorar o ponto de vista do outro, escolhendo se agarrar de todas as formas à sua razão, contrariando, a todo momento, qualquer outra forma de agir. De fato, a energia desprendida no choque cultural resultante de uma fusão e aquisição é um enorme desafio corporativo.

> É preciso ser vigilante. Há um componente de ódio e desprezo no Tribalismo que pode facilmente se transformar em algo absolutamente nocivo à sociedade.

O TRIBALISMO NÃO VÊ FRONTEIRAS

Em maio de 2017, no estado indiano de Jharkhand, sete pessoas foram brutalmente agredidas até a morte por uma multidão ensandecida. Todos os atacados pela fúria das massas haviam sido acusados de sequestrar crianças. Eles foram vítimas de um macabro e trágico boato. Após a prática da violência, as autoridades locais concluíram que as vítimas eram inocentes; elas foram perseguidas de maneira irresponsável e assassinadas como resultado de mentiras espalhadas por grupos de WhatsApp.

O compartilhamento de fake news sobre a ação de possíveis quadrilhas organizadas para sequestrar crianças acirrou o ânimo dos moradores, que, temendo pela segurança dos meninos e meninas da localidade, agiram por conta e risco, procurando fazer "justiça" com as mãos, uma expressão tribal levada ao extremo. Insuflados pelos relatos da rede social, foi aberta a temporada de "caça aos estranhos" circulando pelas redondezas. Assim, os moradores locais perseguiram diversos supostos sequestradores, culminando em linchamento e morte.

Detalhe: enquanto as mentiras sobre o assunto eram rapidamente compartilhadas em mensagens pelo WhatsApp e as ruas viravam um caos, em vão, a polícia local relatava para a mídia a inexistência de sequestro de menores nas datas supostamente apontadas como os dias dos crimes. A força da troca de informação direta entre as pessoas suplantou a influência da mídia estabelecida. Isto é um fato: as pessoas tendem a acreditar mais em uma informação quando ela é repassada por alguém de seu ciclo mais próximo de relacionamento.

Como, em termos de Tribalismo, não há fronteiras, em Terra Brasilis também temos exemplos de linchamentos públicos em decorrência de correntes mentirosas pela internet, invencionices macabras envolvendo crianças e rapto.

Em maio de 2014, na cidade do Guarujá, litoral de São Paulo, circulou a falsa informação de que uma mulher sequestrava crianças para a prática de rituais de magia. O requinte da invencionice era tamanho que o malicioso boato circulava acompanhado pelo retrato falado da suposta criminosa. Resultado, a dona de casa Fabiane Maria de Jesus, então com 33 anos, casada e mãe de duas meninas, foi apontada como autora dos crimes alegados.

Perseguida pelas pessoas, sob gritos de "Mata! Mata!", ela foi violentamente espancada por duas horas, tendo seu corpo completamente brutalizado e arrastado pelas ruas. Apesar de ainda ter sido levada inconsciente para um hospital das redondezas, Fabiane não resistiu às agressões e morreu dois dias após ter sido internada.

Cinco homens participantes do linchamento foram identificados pela polícia e condenados a 30 anos de prisão. Eles alegaram o "calor da emoção" para justificar suas ações na violência perpetrada contra Fabiane, que teve as mãos amarradas por fios e a sua cabeça jogada por diversas vezes contra o chão, além de ter sido atingida por toras de madeira e pneus de bicicleta. Uma imagem extremamente forte de se ver e relatar.

Em situações tribais, quando o enfrentamento físico ocorre, a ideia de aniquilação do outro se materializa de forma inconteste. Nesses casos, o objetivo estabelecido dessas situações não passa por solucionar as divergências e as dúvidas e abrir espaço para o diálogo, até porque tal situação exige ouvir e ponderar os argumentos do outro, condição inexistente em relacionamentos tribais, principalmente quando potencializados pela emoção.

Apesar de a polícia só ter prendido efetivamente cinco envolvidos naquela brutalidade do Guarujá, no dia do fato, centenas de pessoas presenciaram as agressões. Muitas delas, inclusive, fizeram questão de sacar seus celulares dos bolsos para fazer os "devidos" registros.

Exemplos de histeria coletiva, como os citados, têm suas origens bem antes do advento da tecnologia, mas as ferramentas de comunicação online facilitam o aumento e a complexidade dessas situações pela possibilidade de compartilhamento instantâneo de mensagens, proporcionando um maior impacto aos acontecimentos.

O universo pós-digital é terreno perfeito para a difusão da imunização cognitiva, por sua capacidade cada vez mais aprimorada de conexão, mas, historicamente, temos alguns casos clássicos desse comportamento irascível.

A GUERRA DOS MUNDOS

Em 30 de outubro de 1938, a Terra foi invadida por alienígenas. A notícia se espalhou como rastilho de pólvora entre os norte-americanos. Milhares de pessoas, em pânico, acionavam os serviços de emergência e segurança de suas cidades, relatando a invasão desses seres estranhos e solicitando ação imediata das autoridades. O caos estava armado, da Costa Leste à Costa Oeste dos Estados Unidos, e os serviços públicos entraram em alerta, afinal, marcianos haviam sido visto desembarcando em Nova Jersey, matando, em consequência de sua chegada à Terra, mais de 15 mil pessoas. Eles usavam armas a laser para dizimar quem se interpusesse em seu caminho.

Supostamente, os invasores teriam chegado aos Estados Unidos como consequência de explosões registradas em Marte. Tudo isso era fielmente comentado pela rede de rádios da *Columbia Broadcasting System*, CBS, um dia antes da tradicional data comemorativa de Halloween, em 31 de outubro.

Mas a suposta invasão da Terra teve curta duração. A ordem local foi reestabelecida ao se deixar claro que o "fato" não passava da adaptação para o rádio de uma das grandes obras de ficção científica já produzidas, *A Guerra dos Mundos*, escrita pelo britânico H.G Wells, referência do gênero.

O responsável pela empreitada artística para o rádio foi o então narrador e diretor do programa, Orson Welles, que, anos depois, ganharia projeção internacional como diretor de cinema. Um dos mais filmes significativos de Hollywood, *Cidadão Kane*, é de Welles.

Com o passar dos anos, as pessoas substituíram o medo sentido à época da transmissão desse programa de rádio por um sentimento de excitação e boa recordação pelo inusitado vivido, um desfecho completamente díspar quando comparado a outro exemplo contemporâneo à transmissão de Welles — este, sim, envolvendo mentiras desmedidas, a estruturação de um governo ditatorial e uma guerra sanguinolenta, levando toda uma nação a associar de forma singular e extrema as três fases da imunização cognitiva.

O QUE É A VERDADE?

A vertente do Tribalismo em nosso Trilema Digital nos impõe o fim do contraditório pela perda de opinião. Se não tomarmos uma medida efetiva, aos poucos, veremos a aniquilação do divergente, com impactos significativos sobre o conceito de verdade. Esse fato, aliás, me faz recordar da dificuldade de se estabelecerem definições sobre a verdade, um dilema clássico da humanidade. Afinal, o que seria a verdade?

Para se expressar a verdade, é preciso comprometimento com os acontecimentos e suas evidências. Normalmente, contra fatos não há argumentos; mas, para uma pessoa tribal, contra argumentos não há fatos. Em uma atitude tribalista clássica, qualquer fato é refutado pela crença de que o argumento não tem nenhuma relação com a realidade, porque, para essas pessoas, a realidade é simplesmente uma projeção daquilo em que acredito, da forma exclusiva minha ou do meu grupo de ver os acontecimentos. Mas a verdade não se baseia em um ponto de vista único. O outro, seja ele o que for, é fundamental na composição do seu significado e não pode ser ignorado. Ele precisa ser ouvido e respeitado.

Em tese, e em quase todas as manifestações de nosso pensamento, a verdade absoluta inexiste, porque aquilo que pode ser entendido como verdade pela perspectiva de alguém pode ser pura falácia a partir da experiência de outras pessoas com o mesmo acontecimento. Daí, a importância dos fatos na elaboração da verdade. Eles precisam ser identificados com a maior objetividade possível. Mas no Tribalismo, no exercício do viés da confirmação, essa condição inexiste.

Quando os fatos são relatados, se constrói um ambiente para a eliminação da dúvida, da mentira, da fantasia. Nossa percepção distingue mais facilmente os acontecimentos se os relatarmos com acurácia e evidência. Mentiras bem elaboradas ou interpretações parciais da vida, expressas como fatos absolutos, são mais difíceis de serem distinguidas.

> O caminho para se estabelecer a verdade perpassa cotidianamente nossas vidas e é fundamental para entendermos a concepção do Tribalismo. Por isso, é importante refletirmos sobre "o que é verdade", mesmo que a elaboração de uma resposta definitiva para esse questionamento não seja simples.

O percurso de reflexão desse conceito é longo e repleto de surpresas. Devemos nos permitir rever sempre nossos posicionamentos para, inclusive, atualizá-los às mudanças dos tempos. Não esqueçamos, o aparecimento de democracias liberais se associa a conceitos de liberdade e igualdade, aparentemente condições irreversíveis como sistemas políticos de gestão de governos; mas, como lembra o escritor, filósofo e historiador Yuval Noah Harari, na citação usada no começo deste capítulo: "As novas tecnologias podem eliminar práticas da democracia e corroer ideais de liberdade e igualdade (...)".

Conceitos e ideais são passiveis de mutação; eles podem ser alterados ao longo do tempo, mesmo quando alicerçados por sólidas instituições. Afinal, somos impermanentes em qualquer âmbito de nossas vidas. É como diz o ditado: *Todo dia é um novo dia*.

> A disseminação da mentira não depende necessariamente da internet, mas ela pode ser potencializada pela tecnologia em ambientes tribais. A internet pode acabar com o contraditório, eliminando o convívio não selecionado.

Os processos de inovação, o desenvolvimento de novas tecnologias e a mudança de comportamento decorrente da disseminação de dispositivos tecnológicos afetam todos os aspectos da humanidade, indiscriminadamente, ocasionando a mais profunda, completa e rápida mudança social. Sob tais condições, todas as estruturas antropológicas como as conhecemos podem ficar ultrapassadas e, portanto, podem ser substituídas por novos arranjos sociais ainda em definição.

O mundo pós-digital é um movimento revolucionário inédito, verdadeiramente emergente a partir de estruturas sociais mais amplas, mais inclusivas e menos elitistas, sendo levadas até as camadas sociais que sempre foram privilegiadas por suas características financeiras ou intelectuais e modificando-as, criando novos paradigmas.

> **A revolução digital se dissemina a partir de vários pensamentos. Ela não tem um núcleo ideológico; ela brota da consciência individual, portanto, prescinde de lideranças.**

Quando, devido à difusão tecnológica, é possível ter a acesso a mais informação, as pessoas ganham autonomia para expressar suas opiniões, fazendo a revolução proposta pelos meios digitais acontecer de modo irrestrito. Estamos cientes dessa oportunidade e queremos exercer nosso direito e acesso a esse poder. Por isso, é fundamental nos opormos ao Tribalismo. Temos de quebrar a contradição destes novos tempos.

Enquanto a pressão social é pela aceitação das diferenças e convivência dos desiguais, a nova sociedade incute nos indivíduos uma visão maniqueísta, separatista. Não devemos nos organizar para nos contrapormos uns aos outros, mas, sim, temos de compreender as possibilidades de ação conjunta. Essa ação afasta das gerações futuras o risco que elas correm de crescer em meio a sociedades sectárias, estruturadas em grupos antagônicos. Temos de utilizar a tecnologia para incentivar a recompensa pela percepção do ganho mútuo e pela relevância do outro em nossas vidas, não pelo viés do castigo, da punição e do estranhamento.

Assim como a tecnologia pode consolidar democracias, ela também pode ser meio para criar governos totalitários. Como sempre, tudo dependerá do uso dado a ela. A formação de sociedades tribais indica, por sua vez, que estamos optando por um caminho oposto ao dos preceitos democráticos, mas essa situação é reversível. Temos condições suficientes para assegurar os princípios fundamentais do liberalismo tão caros ao desenvolvimento humano.

Precisamos aproximar os avanços tecnológicos das pessoas, traduzir suas potencialidades e desmistificar suas ações. A Inteligência Artificial é um fato inconteste. A visibilidade dos problemas latentes no uso das novas ferramentas tecnológicas é uma maneira de evitarmos armadilhas, de cessarmos ciclos viciosos de comportamento que só favorecem grupos reduzidos de pessoas. A revolução digital é a primeira em nossa história a ocorrer de baixo para cima.

> O mundo digital propicia uma condição sem precedentes.

Precisamos resguardar juridicamente nossas relações nos ambientes virtuais da presença dos aventureiros de toda a sorte, dos piratas cibernéticos que agem no aparente anonimato dos bytes, tirando proveito indevido de quem trafega honestamente pela internet.

Em meu livro publicado antes desta obra que você tem em mãos, *O Fim da Idade Média e o Início da Idade Mídia: Como a Tecnologia e o Big Data Estimulam a Meritocracia e a Valorização do Indivíduo nas Empresas e na Sociedade*, dedico alguns capítulos a esse tema tão importante.

No Brasil, temos a Lei Geral de Proteção de Dados, LGPD (Lei nº 13.709 de 2018), estabelecida como marco de regulação para o setor. Inspirada pela General Data Protection Resolution, GPDR (Regulamento Geral sobre Proteção de Dados), da União Europeia, nossa lei consolidou, em um mesmo instrumento normativo, as normas de proteção de informações pessoais e garantiu aos cidadãos maior controle sobre suas informações pessoais e sua utilização no armazenamento, na recuperação e na transferência desses dados.

A LGPD exige o consentimento explícito das pessoas (OPT IN) para liberação e consequente coleta e uso de seus dados. Isso é extremamente importante e um instrumento de combate ao Tribalismo, por gerar mais transparência e responsabilidade nas relações. Essa determinação deve ser seguida por todas as empresas ou pessoas que estejam atrás de dados independentemente de integrarem o poder público ou a iniciativa privada. E mais, a qualquer momento podemos optar por visualizar, corrigir ou excluir das plataformas virtuais parte ou a integralidade de qualquer aspecto de nossos dados pessoais.

Dar visibilidade à legislação é fundamental para mantermos relações saudáveis e objetivas mediadas pela tecnologia. Principalmente, porque caminhamos para esse mundo no qual o online confunde-se com o offline, e ela é mais um elemento de resistência contra a disseminação do viés de confirmação. Uma forma de nos colocarmos contra a imunização cognitiva.

O estabelecimento de um ambiente jurídico claro nas relações virtuais é essencial, pois dificulta os atos tribalistas da manifestação de um dos piores pecados capitais existentes, a inveja, um sentimento deletério individual e coletivo.

A inveja provocada pelo Tribalismo visa o mal do outro, porque o tribalista não deseja apenas conquistar para si o que o outro tem, e sim impedir suas conquistas, fazendo de tudo para que o outro não tenha o que tem. A inveja do Tribalismo não é um ato de cobiça por um bem, por uma posição social, por um feito, mas uma atitude de usurpação e de aniquilação. Como diria São Tomás de Aquino, invejar é ter exultação pela adversidade do outro e aflição por sua prosperidade.

Sendo assim, quando há uma clareza jurídica, existe mais proteção e segurança social, diminuindo o espaço para atitudes tribais de destruição e extermínio de grupos e/ou pessoas consideradas adversários, oponentes por seus pensamentos e atos divergentes.

▲

CAPÍTULO 6

A CONSTRUÇÃO DE UMA REALIDADE INCLUSIVA

"Vamos mudar nossa atitude tradicional em relação à construção de programas. Em vez de imaginar que nossa principal tarefa é instruir um computador sobre o que fazer, vamos nos concentrar mais em explicar aos seres humanos o que queremos que um computador faça."

– DONALD KNUTH, *cientista, professor emérito da Universidade de Stanford*

A humanidade está em um impasse. Nunca em nossa história nos foi oferecida tanta informação, tanto acesso ao conhecimento, por isso, nunca tivemos tantas possibilidades para sermos o que quisermos ser, livres de preconceito e julgamentos limitantes. Podemos nos expressar como desejarmos e quando nos for apropriado.

O acesso à informação nos possibilita a construção de nosso pensamento, nos leva à reflexão sobre as mais diversas situações de vida. Temos a possibilidade de elaborar raciocínios significativos sobre os mais diversos temas e, logicamente, falar sobre eles a partir de nosso entendimento.

Por outro lado, nunca fomos tão cerceados e levados a uma vigilância perene sobre nossa expressão para não invadirmos a individualidade de ninguém ou desrespeitarmos o jeito de ser do outro. Esta é uma questão central para entendermos o Tribalismo em nossas vidas.

Essa aparente contradição (o acesso à informação nunca foi tão global, mas nunca fomos tão tribais) tem guiado nosso comportamento e gerado tensão. Em algum momento por vir, a delicada sustentação dessa condição de vida pode se romper se formos inertes e não estivermos atentos a ela. Eu sou um otimista e acredito que essa situação não acontecerá e que seremos capazes de resolver as questões do Tribalismo.

Quando estamos inseridos em um grupo social específico, em uma tribo, com valores e visões de mundo semelhantes, fazemos parte de uma comunidade ortodoxa, nos tornando ensimesmados, redundantes. A partir dessa condição de estar, vivemos uma espécie de reducionismo intelectual, porque evitamos a exposição a maneiras divergentes de interagir com o mundo; assim, não somos desafiados intelectualmente, nos distanciamos de conviver com um pensamento plural. Em outras palavras, quando estamos em ambientes fechados, em grupos seletos de pessoas, estamos submetidos a uma falta de fertilização cruzada, que nos empobrece em todos os sentidos de nossa vida.

Sim, é mais fácil e bem mais confortável estar entre os iguais, mas é melhor e mais enriquecedor quando se está aberto ao diferente. Só crescemos, de fato, quando convivemos com as diferenças. Eu sei, conviver com o discordante é complicado, gera incômodo, mas essa condição é um dos caminhos para a nossa evolução — aliás, como sempre foi ao longo da nossa história.

> Na zona de conforto nos acomodamos, ficamos estacionados. Sair dela exige sacrifício, pois é preciso ir contra o seu cérebro, que busca constantemente por esse local em que acreditamos ser mais felizes.

A ciência já comprovou, inclusive biologicamente, os benefícios de não se acomodar ou se resignar à situação em que se vive. Essa comprovação é demonstrada desde as pesquisas de Charles Darwin sobre a evolução das espécies. No século XIX, Darwin foi um dos primeiros cientistas a identificar os efeitos negativos gerados pela consanguinidade nas reproduções dos seres vivos. Bem antes dele, contudo, a Igreja Católica, a partir da Idade Média, mesmo sem estudos acadêmicos seguros, proibia o casamento entre pessoas da mesma família. O objetivo da Santa Sé era evitar o nascimento de crianças dessas relações, porque acreditava-se, devido a casos anteriores, que elas teriam grande chance de nascer com graves distúrbios de saúde, suspeita essa que veio a se comprovar séculos depois.

O casamento entre parentes próximos pode, sim, ocasionar sérias questões de saúde para quem nasce desses relacionamentos. Estudos conduzidos pela Universidade de Edimburgo, na Escócia, com 350 mil voluntários ao redor do mundo, identificaram que, quanto maior era o nível de parentesco no DNA dos pais das pessoas submetidas aos exames, maior era a probabilidade de eles terem questões de saúde relacionadas, entre outros aspectos, à capacidade pulmonar, à condição cognitiva, à aprendizagem escolar e, inclusive, à estatura.

Uma das conclusões desse levantamento foi que, quanto maior era a semelhança do perfil genético analisado, piores eram os resultados dessas características mencionadas. Os pesquisadores envolvidos nessa pesquisa, divulgada por algumas das mais prestigiadas publicações científicas como a *Nature*, utilizaram uma técnica de análise chamada de homozigosidade ampla do genoma para chegar às suas conclusões.

O estudo apontou ainda que, quanto mais ampla era a diversidade genética das pessoas submetidas às análises, melhores eram os índices de saúde relacionados às suas habilidades cognitivas e ao seu crescimento em termos de altura. Ou seja, em nossa evolução, a partir da diversidade de genes, a natureza se encarregou de fazer pessoas mais inteligentes e mais altas.

Em outras palavras, a diversidade genética é salutar para nossa evolução. Devemos usar esse indicador biológico como inspiração e exemplo contra o recrudescimento do Tribalismo. Os aspectos mentais, civilizatórios e culturais também se degeneram quando não procuramos nos diversificar.

> **A diversidade é extremamente bem-vinda e necessária do ponto de vista comportamental, pois evita anomalias comportamentais.**

Como sociedade, podemos usar o exemplo da genética como referência para criarmos formas de agir, para solucionar a separação estabelecida por uma sociedade tribal e precisamos nos apressar quanto a isso, pois o tempo urge. Essa constatação não é fatalismo ou uma premonição de Cassandra. É simplesmente o reconhecimento da velocidade das mudanças vividas e as consequentes incertezas surgidas a partir delas.

As sociedades tribais nos levam a embates intensos e constantes; propiciam a expressão da intolerância, consolidam diferenças, eliminam canais de diálogos, nos conduzem ao isolamento, ao distanciamento do outro. Consequentemente, os sistemas de produção são afetados, impactando a economia, estagnando-a. O exemplo desse cenário pode ser verificado bem próximo ao nosso cotidiano. Tomo como referência nossa estrutura urbana de municípios.

Muitas cidades brasileiras, ao invés de se unirem para promover o desenvolvimento comum de sua região, preferem se distanciar umas das outras, deixando de lado as suas potencialidades, que poderiam ser bem mais aproveitadas caso entrassem em acordo.

Ao refletir sobre essa situação, lembro-me das cidades de Santana de Parnaíba e Barueri, localizadas na Região Metropolitana da capital paulista e que têm como ponto de interseção o bairro de Alphaville, um dos locais mais nobres da grande São Paulo, com mais de 35 mil moradores e uma população flutuante, diária, superior a 200 mil pessoas.

O bairro é próspero e possui uma infraestrutura consolidada e boa prestação de serviço. Porém as prefeituras dos dois municípios vizinhos, ao invés de se unirem para criar ações que os beneficiem mutuamente, preferem se manter em disputa por tributos, realizando ações conflitantes, tomando caminhos contrários, com o objetivo de trazer benefício para si em detrimento do outro. Recentemente esse embate melhorou, mas ainda está longe da ideal. E tal situação não é exclusividade dessas duas localidades; ela realidade em grande parte dos 5.570 municípios limítrofes da Federação Brasileira.

Os poderes municipais acabam criando circunstâncias tribais que dificultam a gestão pública e a integração das cidades. Por vezes, esse comportamento é tão extremado que questões de infraestrutura, como a construção de uma estrada, uma ponte, a eletrificação de uma área, tornam-se projetos inacabados. São obras que ficam paralisadas pela indefinição das Câmaras de Vereadores ou pela falta de assinatura dos prefeitos nos documentos necessários, deliberando sobre os assuntos.

No final das contas, a disputa por poder acaba simplesmente prejudicando a população que não tem acesso às melhorias urbanas necessárias. Mas isso não precisa ser assim; podemos ter uma interação municipal distinta, a exemplo do que acontece em outros países.

Nos Estados Unidos, as cidades de Dallas, Forth Worth e Arlington implementaram o conceito de *Metroplex*. As administrações públicas dessas localidades se uniram e estruturaram uma das mais vibrantes e prósperas regiões metropolitanas no Texas. A área engloba treze municípios e, desde a sua definição administrativa, é considerada o centro econômico e cultural do estado.

Ao se unirem em uma grande região metropolitana, com troca de incentivo, conhecimento, soluções urbanas, entre outras atividades, essas localidades potencializaram os empreendimentos existentes em cada uma das cidades envolvidas e, consequentemente, a economia da região baseada, entre outros, no sistema bancário, no comércio, em empresas de telecomunicações, tecnologia, setores de energia, transporte e logística se dinamizou e cresceu.

O que aconteceu literalmente foi uma situação de ganha-ganha para todos os envolvidos. Com isso, a qualidade da vida dos moradores dessas localidades melhorou, e o Produto Interno Bruto (PIB) da região, há alguns anos, superou os 650 bilhões de dólares — um desempenho financeiro de respeito e bom demonstrativo dos ganhos potenciais quando preservamos nossas características e nos unimos para um fim comum. Essa situação indica o quanto evoluímos e prosperamos ao superarmos nossas divergências, dialogarmos e agirmos em consenso a despeito de nossas divergências. É um exemplo diretamente contrário à disseminação do Tribalismo, que, ao se alastrar, fomenta a descrença no futuro e cria realidades distópicas obtusas.

Vivemos em uma época de convívio extremamente crítica, incerta. Juntos, precisamos encontrar saídas para assegurarmos nossa união com o diferente, eliminando o comportamento tribal segregacionista.

Muita gente acredita que o Tribalismo leva ao racismo, mas essa crença é um equívoco, porque o racismo não é necessariamente o resultado consequente de uma prática tribal; o segregacionismo, contudo, é o comportamento fim de uma ação tribal.

> No Tribalismo, eu me isolo, me separo, me distancio do outro, e esse comportamento não é necessariamente uma declaração de superioridade.

Ao procurar me distanciar de uma pessoa ou de grupo de pessoas, procuro estar de acordo com a minha verdade e não desejo entrar em contato com verdades distintas da minha. Mas esse comportamento não significa dizer que me sinta melhor; por vezes, o sentimento por trás dessa ação é diametralmente oposto. Por me sentir inferior, incapaz, desejo me isolar e não me misturar, me expor. Prefiro ficar em meu universo, evitando questionamentos. Não quero ser confrontado por características de minha personalidade que considero medíocres.

Para evitar más interpretações, é importante lembrar as definições de racismo e segregacionismo para entendermos mais objetivamente como essas questões se manifestam no Tribalismo.

O racismo é um conjunto de teorias e crenças que estabelece uma hierarquia entre raças e etnias. É uma doutrina ou sistema político fundado sobre a hipótese de superioridade de uma raça em relação a outra, portanto, a sua vigência pressupõe a dominação de um ser humano por outro.

O segregacionismo, por sua vez, é uma política de separação, de segregação. Ou seja, um segregacionista branco não tem interesse em conviver com um negro e sua cultura. Porém, apesar dessa vontade, ele não se vê superior ao negro. Ele reconhece a existência do negro e de todos os seus direitos, que são semelhantes aos dele como branco; contudo, por não se identificar com a maneira cultural dessa etnia, suas danças, a gastronomia, as religiões constituídas, entre outros elementos de sua identidade, ele prefere se afastar e não conviver com esses aspectos considerados por ele estranhos e incômodos. Porém, em momento algum, o segregacionista quer tirar proveito do negro por ser negro, usurpá-lo de seus direitos como faria um racista, se entendendo como superior, alguém melhor. Não é esse o caso.

A incompreensão equivocada do conceito dessas palavras ocasiona o pensamento errado sobre o Tribalismo, principalmente o fato de que, ao sermos tribais, somos racistas. O Tribalismo pode, sim, levar ao racismo, mas é preciso ressaltar a possibilidade dessa sentença. Sim, já vimos historicamente isso acontecer. Um dos exemplos mais clássicos dessa situação foi o surgimento e consolidação do nazismo, na Alemanha da primeira metade do século XX.

Aquele sistema político e social surgido naquele momento histórico foi tão tribalista que um dos seus pilares baseava-se na existência de uma raça pura, a ariana. Tal fato não poderia ser mais tribalista do que esse; e, como já apontado pela teoria de nossa evolução, uma tentativa completamente equivocada de estar e entender a complexidade do mundo. Algo absolutamente contrário às constatações biológicas que apontam as raças miscigenadas como as raças genética e biologicamente mais bem preparadas para a vida.

Ainda é preciso lembrar que o Tribalismo é responsável pela construção e propagação das ideias hegemônicas e sua consequente tirania social. A ditadura do politicamente correto tão disseminada nos últimos anos é um dos exemplos mais fáceis para identificar essa situação. Quem se coloca contra a maioria paga um preço social muito alto.

Aqueles que defendem ideias discordantes do senso comum correm risco de aniquilação social, cultural e política. Podem ser "cancelados". Em algumas circunstâncias extremas, a depender do sistema político vigente onde façam a sua voz ser ouvida, eles podem chegar a ser assassinados. Governos autoritários, totalitários, chamam essas situações de "desaparecimento".

> Que caminhos devemos percorrer para superarmos esse cenário de polarização e contradições? A complexidade desse questionamento requer uma ação social abrangente.

A VALORIZAÇÃO DAS DIFERENÇAS

A possível adoção de medidas necessárias para contornar a influência do Tribalismo em nossas vidas envolve variadas áreas de conhecimento, que devem agir integradas, contando com o envolvimento dos mais diversos representantes da sociedade civil.

Precisamos saber lidar com o diferente, aquele que realmente pensa de forma distinta da nossa. As vozes dissonantes não devem ser caladas, temos de ouvi-las e respeitá-las. Não precisamos estar em acordo com quem age e pensa diferentemente de nossos valores, mas temos de saber respeitar o espaço de expressão para esses pensamentos distintos.

Precisamos nos lembrar de exercitar a empatia, palavra tão recorrente em tempos da prática do politicamente correto, mas que em sua essência nos recorda da importância da efetiva compreensão do outro e do contexto.

Divergências de opinião e debates sobre o entendimento do mundo sempre existirão, e essa circunstância é saudável, indispensável, e nos possibilita momentos de reflexão, análise e ponderação se quisermos, de fato, argumentar ao nos expressarmos.

A existência da oposição se faz necessária como contraponto de ideias, ampliação do pensamento e da forma da expressão. Em um mundo de bilhões de pessoas e inúmeros povos, somos completamente diversos. Nossa multiplicidade de raça nos torna mais interessantes. Os pensamentos opostos precisam encontrar um ambiente de relação, de interação. Dessa forma, o respeito ao outro, de fato, pode ser valorizado como prática, não como simples teoria.

Cada um de nós precisa se perguntar com sinceridade se tem condições para suportar quem se apresenta radicalmente diferente de nosso jeito de ser.

Essa pergunta não aceita respostas convenientes. Não é possível aceitar o outro parcialmente. *Eu gosto de certas características suas, portanto aceito você em partes.* Isso não funciona. O outro tem de ser acolhido em sua integralidade, com todas as suas contradições, mesmo quando discordamos de muitos de seus pontos de vista. Claro, há limites éticos e legais nesse convívio.

Há determinados comportamentos que são ilegais e, sob a ótica jurídica, devem ser coibidos. Casos de racismo, culto ao ódio, abusos sexuais, pela lei, são intoleráveis em nossa sociedade. Nosso sistema legal veda o exercício dessas práticas. A justiça, afinal, existe para intermediar nosso convívio social em seus mais diversos aspectos.

Nossas diferenças deveriam ser um fator valorizado, nunca algo a ser eliminado, destruído ou extirpado de nosso convívio social como historicamente já ocorreu tantas vezes na tentativa de se criarem raças puras. Em diferentes momentos de nossa história, esse comportamento sempre nos levou a grandes conflitos e inúmeras mortes. Felizmente, caminhamos para uma era em que a premissa básica está baseada na individualidade, nas diferenças.

Seremos tratados de forma desigual por meio dos avanços tecnológicos. Seremos valorizados por nossas características únicas e originais. Afinal, somos um universo à parte com ampla capacidade de influência social — vide a cultura dos youtubers, que, com o passar dos anos, só se amplia; eles personificam as teorias da expressão da individualidade nestes tempos. Ao exporem os seus hábitos cotidianos, muitos deles tornam-se as novas celebridades. São influenciadores com milhões de seguidores em suas redes sociais, tendo, com isso, força para determinar o agir do mercado publicitário.

De maneira ativa ou não, cotidianamente, dizemos ao mundo quem somos, quais são nossos desejos, o que nos trouxe até aqui e para onde vamos. Estamos em constante expressão de nossas vontades. Somos seres comunicativos, afinal.

Para percebermos as nuances na comunicação, temos de nos disponibilizar a ver e escutar o outro com a menor inferência possível de nossos julgamentos. Devemos colocar de lado nossos conceitos prévios sobre as situações. Estabelecer esse comportamento não é nada fácil. Para alguns soa impossível, principalmente na correria cotidiana em que a prioridade de nossas vidas é a resolução de nossa agenda de compromissos. Mas, sim, é possível estarmos disponíveis para compreendermos o outro, mesmo com toda a nossa extenuante rotina. Esse comportamento requer muita generosidade para aceitar os defeitos alheios, mas, no final das contas, esse exercício de observação e essa atitude são fundamentais para melhorarmos individualmente, como pessoas, e coletivamente, como sociedade.

Ao reconhecermos a necessidade de alguém ou de um contexto específico, podemos interagir com assertividade, nos aproximarmos das situações de maneira propositiva, com indicações objetivas de ações. Porém é fato que esse tipo de postura requer muita prática e um exercício cotidiano de atenção; até porque muitas vezes mal conseguimos ter clareza do que queremos expressar, portanto, como vamos nos comunicar adequadamente?

O grande desafio desse processo, de acordo com o escritor americano Stephen Covey, é que julgamos os outros pelas suas ações e a nós mesmos pelas nossas intenções. E isso desequilibra o julgamento.

Sendo assim, facilmente geramos desentendimentos, abrimos espaço para as mais diversas relações conflituosas, diálogos entrecortados, confusões. É extremamente importante termos como princípio uma comunicação transparente e bem estruturada para sermos compreendidos da melhor maneira possível e entendermos o outro como, de fato, ele deseja ser entendido, não como eu quero compreendê-lo, independentemente se essa comunicação acontece em âmbito pessoal ou institucional, entre nações, corporações ou organismos internacionais.

> O Tribalismo incita a velha disputa entre coragem e conformidade. Dentro de uma tribo, estou conforme; ao sair dela, fico sem lugar.

O SENTIDO DA DESCONEXÃO

Ao longo de minha vida, empenho grande parte do meu tempo na compreensão das novas tecnologias e como a existência delas repercute em nossas vidas. Devido a essas décadas dedicadas à análise, à observação e aos estudos, estou certo sobre a importância de criarmos nossas novas ferramentas tecnológicas com características mais humanas, principalmente as que envolvem Inteligência Artificial. Essa condição é fundamental para garantirmos um futuro mais harmônico em nosso convívio com o surgimento das diversas tecnologias e aparelhos tecnológicos.

Entenda por "características mais humanas" impregnar na estrutura dessas máquinas, em seus programas de funcionamento, uma atitude menos mecanicista, contudo, mais empática e generosa para com os objetos de sua relação.

Por mais estranho que lhe possa parecer, precisamos pensar e elaborar uma tecnologia permeada por empatia e generosidade. A aplicação dessas características é fundamental, por exemplo, quando pensamos na existência dos algoritmos, sobretudo, no espaço e na importância conquistados por eles em nossas vidas a cada ano.

Em textos anteriores, publicados como artigos, capítulos de livros, entre outros formatos, abordei longamente o impacto dos algoritmos em nossa sociedade. Em uma dessas reflexões, para facilitar a compreensão do que eles seriam e representariam para todos nós, recorri à imagem de um dos mais famosos personagens da literatura inglesa de todos os tempos, o inesquecível detetive Sherlock Holmes, criado por Sir Arthur Conan Doyle, em 1887, e o fiz pelo fato de ser fundamental considerar, na elaboração dos algoritmos, questões essencialmente humanas. Sem saber, Sir Conan Doyle antecipou, pela figura de seu detetive Sherlock, a ação dos algoritmos.

Como essa importante ferramenta desta nova era, Sherlock lançava mão de processos racionais extremamente elaborados para solucionar seus casos. Ele chegava às suas conclusões ao analisar múltiplas evidências desconexas relacionadas à cena dos crimes e à história de vida dos personagens envolvidos com os acontecimentos — mesmo processo de análise dos algoritmos, que analisam múltiplas evidências desconexas entre si, em relação ao fato em questão. E dessas múltiplas referências, aparentemente inconsistentes, sai uma inferência certeira.

Seu processo investigativo valorizava métodos científicos. A partir do levantamento de campo e da análise das provas encontradas, combinava as evidências, fazendo inferências únicas, imperceptíveis aos demais. Os algoritmos fazem o mesmo.

Por sua grande capacidade de raciocino dedutivo, Sherlock desvendava as tramas mais peculiares e difíceis. Encontrava os criminosos observando a cor do sapato que calçavam ou ao perceber o posicionamento de um jarro de planta no cenário dos crimes. O resultado de suas investigações surgia da análise de elementos aparentemente desconectados e completamente coadjuvantes em relação às motivações dos criminosos.

Por isso, o Sherlock Holmes de Sir Conan Doyle equivale aos algoritmos. Eles funcionam exatamente como o detetive inglês, criado no final do século XIX, gerando inferências fantásticas a partir de dados aparentemente desconexos ou invisíveis para nós, simples mortais.

> Os algoritmos ou o fluxo de dados não são mais importantes do que as pessoas. Eles existem apenas para nos ajudar em nosso desenvolvimento.

Enquanto aceitarmos que cabem aos algoritmos buscar única e exclusivamente aquilo com que já temos afinidade, reforçaremos nossos conceitos de vida e não traremos algo novo, necessário para ampliar nossa visão de mundo.

Os algoritmos são ferramentas tecnológicas e trabalham como forem mandados trabalhar. Eles são amorais, não morais ou imorais. Podemos programá-los para nos trazerem algo com que estejamos mais familiarizados ou algo para expandir nosso pensamento. É nossa responsabilidade decidir qual caminho devemos seguir.

Cabe a nós definir o papel dos algoritmos; se eles nos farão crescer como cidadãos ou como torcidas fanáticas de futebol, é uma escolha nossa; se eles nos ajudarão a aceitar as diferenças de maneira legítima ou nos ajudarão a ficar cada vez mais fechados, acreditando apenas em nossa certeza, enquanto o mundo está completamente errado.

> A clara definição da missão algorítmica é uma das soluções para o Tribalismo.

A REPRODUÇÃO DO QUE SOMOS

A presença dos algoritmos em sociedade pode, sim, nos enclausurar em tribos sociais extremamente herméticas. Nessa circunstância, quando olhamos para o mundo como uma extensão pura e simples de nosso ponto de vista, nos impedimos de fazer contato com outras ideias que poderiam nos questionar, colocar em xeque nossas certezas e trazer diversidade. Só temos a ganhar quando adotamos um comportamento de interesse e propositivo ao novo.

Em tese, o efeito dos algoritmos em nossas vidas pode, sim, ser aterrorizante se pensarmos na impossibilidade de elaborarmos mecanismos para limitar a ação deles e formos incapazes de estruturá-los com empatia e generosidade. Por isso, é tão importante entendermos o seu pleno funcionamento. Lembremos que foi por meio dos algoritmos que o Google fez uma das maiores revoluções na dinâmica de nossos relacionamentos, quando a empresa transformou a prestação de seus serviços como principal ferramenta de busca no universo online. Levante a mão quem nunca "deu um Google" para buscar informação sobre algo de interesse.

Na vastidão das informações disponíveis virtualmente, a ferramenta de busca do Google tornou-se o primeiro passo para chegarmos a todo conteúdo existente na internet. Contudo, no começo de sua utilização, nos encaminhávamos, desavisados, para aprofundar e evidenciar nossas divisões ideológicas. Constituíamos ali o Tribalismo como ele se apresenta.

Naquele momento, os algoritmos já faziam a diferença em nossas vidas, apesar de muitos de nós os desconhecermos. Aliás, poucas pessoas sabiam de sua existência. A atuação deles não fora imediatamente alardeada por seus programadores, porém, mesmo sem aviso, eles estavam agindo entre nós. Começavam a entender nossas preferências, mapeavam o repertório de nosso vocabulário, determinavam nossas localidades e estágio de vida. Faziam e fazem silenciosamente um preciso retrato de quem somos. Tudo isso era e é informação coletada (e arquivada) pelas empresas — neste caso, o Google, que, não à toa, tornou-se uma das mais importantes corporações mundiais. Definitivamente, informação é poder.

Não demorou e essa prática de coleta de dados disseminou-se. Gradualmente, as empresas de todos os setores, mas em especial de tecnologia, entendem nosso comportamento e, quanto mais o compreendem, mais importantes elas se tornam, tendo maior capacidade de nos oferecer produtos e serviços customizados.

As mídias online destinadas a grupos específicos de pessoas, criadas pela delimitação de suas preferências políticas, sexuais e de trabalho, são um dos reflexos mais evidentes dessa oferta, fomentam a segregação e, consequentemente, o Tribalismo.

Tudo o que fazemos é fonte de inferência para os algoritmos trabalharem e obterem conclusões sobre quem somos. Eles predizem nosso comportamento e são capazes de apontar nossas ações futuras. Eles captam, inclusive, nossos padrões de comportamento imperceptíveis por nós mesmos, por trabalharem abaixo do nível de sutileza de percepção de nosso cérebro, desvendando o que não entendemos de nossas atitudes e os acontecimentos que estão além de nossa capacidade de previsão.

Essa tecnologia entende o mundo como um fluxo de dados e é responsável por organizar esse fluxo, dando sentido a esse emaranhado informativo aleatório que é o próprio mundo. Assim, os algoritmos quebram o paradigma da divisão entre a comunicação verbal e não verbal, quando associados às diversas tecnologias do mundo pós-digital, como a Inteligência Artificial e a robótica.

> A obsessão dos algoritmos é obter resultados cada vez mais eficientes e aprimorar a análise de performance. Nossa interação com eles é um desafio constante. É um ponto de muita atenção.

Nossos dados são nossos ativos; eles representam uma valiosa informação e tendem a se valorizar na medida em que a divisão de nossas vidas online e offline cai por terra. As organizações que conseguem capturá-los, em maior ou menor grau, tornam-se detentoras de um imenso poder, com capacidade para acessar, inclusive, toda a dinâmica mais imaterial de nossas atitudes.

Governos e empresas que interpretam nossos dados nos conhecem intimamente. Estão aptos a entender nuances de aspectos de nosso comportamento; nossas preferências de entretenimento; gostos culinários; predileções partidárias; a lista é infinita. Sendo assim, estão aptos a estimular e direcionar determinados modos de comportamento social e estabelecer paradigmas de consumo.

Convivemos, virtualmente, com uma prolixa gama de canais de comunicação capazes de nos conectar com outras pessoas que compartilham interesses semelhantes aos nossos. Isso ocorre em escala global. Mas essa necessidade de encontrarmos pessoas com pontos de vista como os nossos não é nova.

Desde o nosso surgimento na Terra, nos agrupamos e interagimos por afinidades, sejam elas quais forem. Essa condição nos permite desenvolver um sentimento de pertencimento, nos possibilita a organização social para vivermos as adversidades do dia a dia, nos gera reconhecimento e também facilita a constituição das sociedades tribais.

Evidentemente, o mundo virtual se apropriou dessa característica tão humana. Aliás, apropriar-se não é o melhor verbo para definir essa situação. Como criação humana, os ambientes virtuais espelham nossas contradições e integram nossa vida; por isso, reproduzem o que somos.

Atentos a essa condição, os programadores de tecnologias estruturam plataformas de comunicação para conseguir alimentar essa necessidade de agrupamento. Por meio dos algoritmos, incentivam as divisões e aprimoram a formação das tribos virtuais, que se estendem às relações offline.

Ao basear, por exemplo, suas ações de interação com seus usuários pela análise de algoritmos, o Facebook exclui de nossas timelines as postagens de pessoas com as quais temos pouca relação. No Google, a lista de resultado de nossas buscas é elaborada e disponibilizada com assuntos mais próximos ou relevantes ao nosso histórico de interesse registrado pela empresa, e a mesma lógica é replicada pelos mais variados grupos empresariais do comércio eletrônico.

Essa comunicação direcionada não é invenção de um gênio da publicidade e propaganda, mas resultado da sistematização do uso do Big Data e da Inteligência Artificial como recursos tecnológicos para customizar nossas vidas online. Nessa dinâmica reside a centelha para o crescimento do Tribalismo.

As novas ferramentas tecnológicas são muito boas em tratar as pessoas de maneira individualizadas, mas ainda sem empatia. Eles nos oferecem mais daquilo que nós queremos — e essa oferta é infinita. Como resultado prático dessa ação, construímos limites e barreiras em nossas vidas, comportamento este antagônico à vastidão e à possibilidade de conhecimento contidas no mundo online. Culturalmente, isso é extremamente perigoso.

> As mídias individualizadas dão cada vez mais os mesmos conteúdos para as pessoas, acirrando os aspectos tribais em cada um de nós, nos incitando ao combate com quem acreditamos ser oponentes, pessoas que merecem ser "eliminadas" por discordarem de nossas ideias.

Tudo o que fazemos na vida pode ser rastreado digitalmente e gerar dados. Esta é uma condição irreversível e será aprimorada a partir da efetiva difusão da tecnologia 5G, que vai ampliar a velocidade da internet, facilitando as comunicações existentes pela diminuição considerável da latência na transmissão de dados.

Nossa vivência online será similar à de nossas relações offline. Tudo acontecerá em tempo real; assim, teremos a estrutura adequada para veículos autônomos trafegarem pelas ruas de nossas cidades; poderemos assegurar a realização de cirurgias de longa distância; teremos disponíveis videochamadas holográficas em 3D, quando nossa imagem é projetada para a pessoa com quem estamos falando e a sensação é a de que estamos conversando juntos no mesmo ambiente, exatamente como víamos nos filmes de ficção científica.

As interações sociais estão se alterando profundamente e não adianta nada ter como referência modelos de relacionamento de outro tempo, mesmo que recente. Precisamos entender a dimensão deste mundo constituído por fluxo de dados ininterruptos e objetivos, separados de valores morais.

As crenças existem e integram nossa constituição como seres humanos. Elas são características significativas de nossa identidade, mas ao lado delas temos um corpo que está inserido em um universo material também significativo para ser quem somos; e toda essa materialidade ao nosso redor é singular. Constitui nossas diferenças e similaridades.

> **Pessoas verdadeiramente curiosas acabam com o Tribalismo.**

Neste momento de nossa evolução, é improdutivo vilanizar a existência dos algoritmos. A partir de agora, devemos encontrar caminhos seguros para convivermos com a presença e a atuação deles em nossas vidas.

Reconhecer a inevitabilidade de um mundo norteado pelos algoritmos é um dos começos para encontrarmos as respostas ao Tribalismo. Esse reconhecimento facilita os caminhos para a reversão das sociedades tribais. É preciso lembrar-se da presença deles em nossas vidas e da importância de usá-los de forma favorável à nossa evolução, como uma ferramenta que nos impulsiona, e não os perceber como obstáculo.

Nossa existência é informativa, assim como a existência de absolutamente tudo o que nos cerca — pessoas, objetos, animais, minerais, vegetação, o universo. Irrestritamente, tudo tem o seu código informativo de constituição e produz algum conteúdo informativo.

Sem o trabalho dos algoritmos, os dados são apenas informações pontuais e têm pouco valor. Se não forem interligados, conectados, perdem seu potencial de utilidade.

Por essa ótica, é possível afirmar que os algoritmos são o DNA do Big Data.

> **Como os homens estão cada vez mais algorítmicos, é preciso que os algoritmos se tornem cada vez mais humanos.**

A CRIATIVIDADE ESPONTÂNEA

É de suma importância o reconhecimento e a inevitabilidade desse mundo norteado pelas novas tecnologias. As interações sociais, a cada dia, mudam profundamente, e não adianta ficarmos presos a antigos esquemas de ação.

Nossa ação nesta nova era será mais preditiva, e as diversas ferramentas tecnológicas são fundamentais para obtermos o melhor com essas ações. Todo o resultado da inferência tecnológica deve ser feito para criar novas experiências e compartilhar valores. Quanto mais conseguirmos nos harmonizar com o outro, consequentemente com grupos distintos de pessoas de pensamentos contrários ao nosso, maior será nossa presença e relevância social. Por isso, temos de agir para além de julgamentos morais, de certo e errado, quando estivermos nos referindo e interagindo com as novas tecnologias.

Com certeza, não chegaremos ao futuro olhando pelo retrovisor. Temos de aceitar a existência das novas ferramentas tecnológicas e reconhecer os benefícios promovidos por elas. Precisamos, por exemplo, respeitar os algoritmos como algo excepcional, mas, a todo momento, devemos desafiar os seus resultados, não os aceitando passivamente, sempre como palavra final, preponderante, a respeito de tudo. Não devemos deixar que eles nos controlem. Cabe a cada um de nós sermos resistência. Dessa forma, não podemos ser fatalistas, afinal, eles também são falíveis. Eles podem errar. Por isso, é importante ter autoconfiança, se valorizar ao interagir com eles, principalmente, com o resultado de suas atividades.

Em tempos do avanço inconteste da tecnologia da informação e comunicação, a análise de dados (e a forma como os obtemos) desponta, sim, como uma das forças vitais em nossa configuração social, mas perde sentido se as ferramentas e técnicas para se trabalhar com elas não forem usadas de maneira adequada, sobretudo se não tiver a presença humana para interpretá-las e, literalmente, imaginar novos contextos a partir dos resultados apresentados. Esse aspecto me lembra da importância do exercício da criatividade espontânea, capacidade que temos de gerar conteúdo, soluções e cenários, por meio da interação ou da análise de circunstâncias aparentemente sem nexo algum.

A criatividade espontânea tem relação com o que abordei na primeira parte deste livro, quando escrevo sobre o conhecimento embarcado e as três formas de curiosidade que nos movem pela vida: Diversiva, Empática e Epistêmica.

Com a proliferação da Exteligência em um mundo cada vez mais tribal, é fundamental não perdermos nossa habilidade de sermos criativos espontaneamente e, para isso acontecer, precisamos exercitar a maneira como interpretamos o mundo e perceber as correlações entre os fatos sem sermos necessariamente óbvios.

Ao pensar sobre essa necessidade, sou remetido, imediatamente, a outro conceito aplicado a ações de comunicação — a teoria do efeito placebo. Esse exemplo em si já denota aspectos do exercício da criatividade espontânea, afinal, qual relação existiria entre a teoria do efeito placebo, usado amplamente na medicina ao conduzir análises e exames clínicos, com ser espontaneamente criativo? A resposta é relativamente simples e está na força que a mente tem quando acreditamos que algo vai dar certo.

Para muitos médicos, os efeitos positivos nos pacientes submetidos à aplicação de placebo relacionam-se a questões psicológicas, uma reação de nosso cérebro provocada pela convicção ou por uma ilusão subjetiva de "vai dar certo". Esse ato de crer veementemente, verificado nos testes médicos, pode ser replicado em outras áreas, como na economia ou no comércio, porque o importante aqui é o ato de acreditar que a ação empreendida resultará no objetivo desejado. Quem adota essa postura mobiliza atenção e esforços para fazer o trabalho acontecer. E, de fato, existe uma possibilidade concreta de ele acontecer mediante o esforço empreendido.

Em suma, quando começo a correlacionar, a ter insights a partir de minha observação da aplicação do efeito placebo da medicina a outras áreas, estou usando minha habilidade de ser criativo espontaneamente a fim de construir cenários singulares. Isso só é possível com conhecimento embarcado, quando estou além das fronteiras do Tribalismo, quando entro em contato com o diferente de meu cotidiano.

Em tempo, os pensamentos afetam nossa neuroquímica, desencadeando uma série de reações em nosso corpo, e, como já comprovado, significativas alterações hormonais e imunológicas decorrem desse fato. Por isso, independentemente de comprovações definitivas da ciência, ter uma atitude otimista, um olhar de esperança para suas atividades, é muito importante para o bem-estar físico e com certeza um dos detalhes que devemos focar como uma de nossas vantagens, como humanos, em relação às ferramentas tecnológicas.

Ao longo de nossa existência, sempre nos reinventamos quando necessário, a despeito das piores crises que possamos ter vivido. Nosso pensamento transforma, é libertador. Em nossa evolução, essa é uma de nossas características fundamentais para vivermos.

SEJAMOS ATENTOS E MOTIVADOS

Tendo em vista a perspectiva de olharmos o mundo e seus obstáculos por uma ótica mais otimista, é interessante rever alguns dos pontos do Tribalismo com esse olhar, ressignificando suas características limitantes.

Se, no Tribalismo, eliminamos de nosso convívio quem pensa diferente e nos fechamos em grupos ou nos isolamos, temos de estabelecer, incessantemente, contato e diálogo com o outro e o divergente, para acentuarmos aspectos de integração e ressaltarmos pontos comuns e não reforçar diferenças.

Devemos ficar atentos para que, quando estivermos em discussões argumentativas, não busquemos apenas informações para justificar e assegurar nosso ponto de vista. É saudável furar a bolha de nosso convívio social. Estar com pessoas que agem de outro modo é extremamente enriquecedor, desde que você saiba respeitar seus limites sem desrespeitar os limites do outro.

Se o Tribalismo encontra na internet campo fértil para prosperar na medida em que ela possibilita nos relacionarmos apenas com nuances de nosso pensamento, e o contraditório é eliminado em decorrência da ação das ferramentas tecnológicas, temos de nos monitorar constantemente para não cairmos nessa armadilha.

> Devemos usar sabiamente o imenso acesso à informação para combater a formação de tribos antagônicas.

Ao assistirmos inertes ao fim do contraditório ou ao massacre público das vozes dissonantes, que são caladas por estarem em desacordo com a maioria (seja qual for essa maioria), colocamos em risco as futuras gerações, que verão crescer a violência e a indiferença nas relações sociais.

Ao longo de minha carreira, nas centenas de palestras que sou convidado a fazer, em vários lugares do mundo, quando me refiro a esse aspecto do crescimento da violência e da indiferença na sociedade, sempre lembro a fala da autora e embaixadora dos Estados Unidos,

Claire Luce, sobre esse tema: "Nada é mais agressivo que a suavidade da indiferença."

Por isso, como resposta a esse cenário, sejamos mais atentos, entusiastas e motivados à construção de uma realidade inclusiva, harmônica em relação à tecnologia e promissora, contrapondo-se ao avanço tribal.

▲

PARTE 3

COMPARTILHAMENTO

ENTRE AS TRÊS VERTENTES DO TRILEMA DIGITAL, OS DESAFIOS IMPOSTOS À SOCIEDADE EM DECORRÊNCIA DA AÇÃO DO COMPARTILHAMENTO SÃO OS QUE PODEM GERAR MAIS INCOMPREENSÃO E POLÊMICA.

O Compartilhamento surgiu como resposta ao desperdício e ao consumo inconsciente e desmedido de bens e serviços. É uma forma de questionarmos nosso modelo econômico e produtivo de expansão.

A disseminação do Compartilhamento, como prática e teoria, está ligada a razões ecológicas e ideológicas.

O princípio para o aparecimento do Compartilhamento é nobre, a preservação do meio ambiente, mas sua implementação tem potencial destrutivo, afeta diversos setores produtivos, desestabilizando economias.

Para entendermos os efeitos provocados pelo Compartilhamento em nossas vidas, precisamos ter noção do significado de Correlação Espúria e dos Dados Relacionais Não Aparentes.

Uma das dúvidas mais urgentes geradas pelo Compartilhamento é: como mantemos o crescimento do Produto Interno Bruto (PIB) produzindo menos?

O Compartilhamento impacta significantemente a geração de empregos.

O consumo consciente é extremamente benéfico para o mundo.

Nós precisamos dele e temos de ampliá-lo, mas não podemos deixar de considerar todos os aspectos de sua prática.

É improdutivo refletirmos de maneira apaixonada a extensão da influência do Compartilhamento na sociedade. Precisamos de fatos e objetividade para abordar este tema.

CAPÍTULO 7

DESAFIOS DO CAMINHO

" O programador de computador é um criador de universos pelos quais ele, sozinho, é o legislador. Nenhum dramaturgo, nenhum diretor de teatro, nenhum imperador, por mais poderoso que seja, exerceu autoridade tão absoluta para organizar um estágio ou campo de batalha e comandar tais atores, ou tropas, inabalavelmente obedientes."

– JOSEPH WEIZENBAUM, *escritor e cientista da computação*

Por 19 anos, Alan Greenspan foi um dos homens mais importantes da economia mundial. Entre 1987 e 2006, ele ocupou a presidência do FED (Federal Reserve System), instância reguladora do sistema bancário dos Estados Unidos, correspondente ao Banco Central do Brasil.

Entre outras atribuições, o FED conduz a política monetária, mantém a estabilidade do sistema financeiro, supervisiona e regula as instituições financeiras, gera o sistema de pagamento e promove o desenvolvimento sustentável da maior economia do mundo. Ou seja, a extensão da influência e importância do presidente dessa entidade é gigantesca. Seus pronunciamentos são ouvidos com muita atenção, porque sua fala tem impacto nas finanças de todos os países.

Ao longo do exercício de sua presidência, políticos, empresários e os mais diversos analistas cunharam vários termos para se referir a Greenspan, considerado um dos mais "memoráveis" presidentes do FED. Era comum ouvir que: "O mundo treme quando Greenspan fala." E ele falou muito à frente do cargo e, de fato, em muitas ocasiões, a economia global foi extremamente impactada por suas análises e previsões.

Entre tantas de suas relevantes projeções e teorias, ao menos uma entrou para a história pelo seu teor inusitado. Greenspan estabeleceu um índice de avaliação que correlacionava a venda de cuecas à retomada do desenvolvimento da economia dos Estados Unidos, o chamado Men's Underwear Index. Esse índice não era galhofa.

Para ele, em situações de crise, a compra de roupa íntima masculina, cuecas, deixava de ser prioridade para os homens. Portanto, as marcas produtoras desse item registravam uma parada em suas vendas. A situação se invertia, porém, quando a economia mudava seu rumo. Aos primeiros sinais de recuperação econômica, a venda de cuecas aumentava, dizia ele.

Apesar de esta ser uma correlação inusitada, hipotética, jocosa, Greenspan não a fazia aleatoriamente. Tecnicamente, esse seu exemplo é fruto do que a estatística define como *Correlação Espúria*, ou seja, quando dois eventos distintos (venda de cuecas e desenvolvimento econômico) são empregados para explicar uma determinada situação.

A teoria da Correlação Espúria demonstra que, estatisticamente, há uma similaridade de crescimento, queda ou estabilidade entre os fatos mencionados, mas não necessariamente existe uma causalidade entre eles. Há um vínculo estatístico e nada mais.

Para os mais ortodoxos, o index de Greenspan não figura como exemplo clássico do universo das Correlações Espúrias, afinal, quando a economia vai mal, a venda de roupas tende a sofrer certa estagnação ou decrescimento. Quando há melhoras, consequentemente, as pessoas voltam a adquirir novas peças para seu guarda-roupa, aquecendo o setor. Sendo assim, haveria uma relação natural entre os eventos utilizados por ele.

Mas o fato aleatório em questão, espúrio, é a inferência feita por Greenspan para a escolha da cueca como referência. Sua lógica baseia-se na condição de preponderância masculina no mercado financeiro, no universo corporativo e executivo. Em tese, essas pessoas, que são decisivas para o movimento da economia, ao observar a paralisia de seus rendimentos, deixariam a compra de cuecas para momentos futuros, refletindo a estagnação econômica. O raciocínio por trás desse argumento reside no fato de, como esse item do vestuário quase não é visto, por que gastar adquirindo novas peças em momentos de vacas magras?

Evidentemente, o critério para essa explicação é uma especulação. Nem Greenspan, tampouco o FED, conduziram pesquisas científicas para determinar a cueca como um index válido. A despeito de sua cara sisuda, Greenspan usou de bom humor e leveza, e de uma pertinência estatística, para abordar assuntos econômicos pesados, com graves implicações para bilhões de pessoas.

Mas, no universo das Correlações Espúrias, as hipóteses mais absurdas se amontoam. Por exemplo, há uma correlação percentual direta entre o aumento de consumo de sorvete e o volume de ataques de tubarão.

Sempre que o consumo de sorvete cresce 10%, o ataque de tubarão cresce na mesma proporção desses 10%. Se, por acaso, o consumo de sorvete cai 3%, imediatamente, os ataques de tubarões diminuem 3%. Por que isso acontece? Será que as pessoas ficam mais saborosas para o tubarão quando comem sorvete? Não. Este é um exemplo de uma correlação absolutamente estatística, uma forma didática para demonstrar as Correlações Espúrias.

Apesar de seu didatismo, contudo, ainda é possível, nesse caso, inserir um elemento de conexão entre esses dois fatos — a questão da temperatura: quando ela aumenta, as pessoas tomam mais sorvete e entram na água; mas quando ela cai, por conta do frio, as pessoas diminuem o consumo de sorvete e deixam de ir ao mar para se banhar. Esse terceiro elemento, a temperatura, pode servir como fator causal, de explicação, para o relacionamento desses fatos estatísticos. No entanto, há Correlações Espúrias sem nenhuma relação entre si que, por uma questão de coincidência, sobem e descem nas mesmas proporções, como podemos perceber nos exemplos a seguir.

Entre 1999 e 2009, o número de pessoas que se afogaram ao tomar banho de piscina nos Estados Unidos estaria correlacionado à quantidade de aparições do ator Nicolas Cage em algum filme produzido por Hollywood.

Pelo quadro estatístico, relacionando informações do Centro de Controle de Doenças dos Estados Unidos e do IMDb (Internet Movie Database), nos períodos em que Cage mais apareceu nas telas de cinema, percebeu-se o aumento de 66,6% de afogados; índice alto, portanto, preocupante.

Outro exemplo raiz de Correlação Espúria está ligado ao consumo de margarina e o número de divórcios no estado do Maine, nordeste dos EUA. A quantidade de separações da população estadual se manteve elevada no mesmo período em que os habitantes do estado consumiam muita margarina. Porém, quando as pessoas diminuíam a ingestão desse produto, mais casais se mantinham juntos. A Correlação Espúria desse fato foi de 99,26%. Dentro da margem de erro de análise, essa porcentagem estabeleceria 100% de relação. Ou seja, um fato, indiscutivelmente, levaria ao outro.

Mas a pegadinha dessa informação é que, a despeito desse índice correlacionado entre 2000 e 2009, a partir de informações coletadas junto ao Centro Nacional de Estatística em Saúde e do Departamento de Agricultura do Governo Norte-americano, não há uma causalidade entre os fatos. Por isso, eles são considerados Correlações Espúrias — informações estatísticas relacionadas por terceiros para elaborar uma explicação.

A Correlação Espúria, às vezes, tem razões não aparentes e, em outros casos, elas acontecem por simples coincidência de inferência estatística. Existe, porém, um conceito estatístico que é o inverso das Correlações Espúrias: os Dados Relacionais Não Aparentes (DRNA).

Enquanto na Correlação Espúria inexiste uma relação entre os resultados demonstrados (apesar de parecer que há), nos DRNA, a relação não é aparente, mas existe. É importante deixar isso claro, porque o Compartilhamento, como uma das vertentes do Trilema Digital, é composto de Dados Relacionais Não Aparentes, que fundamentalmente são o inverso da definição da Correlação Espúria.

Nos DRNA, duas situações aparentemente sem nenhuma ligação estão, sim, relacionadas entre si, por causalidade, e se tornam responsáveis pela consolidação de grandes transformações e fenômenos sociais a partir de um encadeamento imprevisível de suas consequências. É o famoso ditado "aquilo deu nisso", só evidenciado quando o fato originário da situação já foi consumado.

> Os Dados Relacionais Não Aparentes, às vezes, geram resultados brutais para seus envolvidos. No mundo pós-digital, eles são um fenômeno cada vez mais presente na sociedade.

Em 2016, o mundo acompanhou, na eleição de Donald Trump à Casa Branca, um resultado prático, de proporção internacional e histórica, do resultado das ações desencadeadas por DRNA, mesmo que essa relação não seja evidente para a maioria das pessoas.

Por anos ridicularizado pela elite política e parte da sociedade dos Estados Unidos, Trump foi eleito como o 45º Presidente dos EUA, ao obter a maioria dos votos no Colégio Eleitoral. O sistema de votação para presidente no país é indireto, acontece por meio da escolha de 538 delegados, que são representantes de todos os estados e de sua capital, Washington, o Distrito Federal.

O resultado da eleição deixou todo o mundo perplexo, inclusive pelo fato de sua adversária, a candidata democrata Hillary Clinton, ter obtido nas urnas 337.636 votos a mais do que Trump.

Como indicavam as pesquisas eleitorais, se as eleições fossem diretas, os eleitores escolheriam Hillary para a presidência, mas como o sistema de votação presidencial norte-americano é intricado, devido à representatividade de seus delegados eleitorais, Trump acabou vencendo a disputa, causando enorme desconforto principalmente para os progressistas daquela sociedade. Segundo Trump, essa aparente vantagem de Hillary só existiu porque ele, entendendo as regras, só se esforçou com campanha nos chamados *swing states*, regiões dos Estados Unidos onde a disputa é mais equilibrada.

> É no antagonismo entre progressistas e conservadores que começa o desenho do Dado Relacional Não Aparente da chegada de Trump ao cargo máximo do Executivo norte-americano.

A Califórnia é o estado mais populoso dos Estados Unidos e, historicamente, uma das regiões mais progressistas do país. Os californianos estão na vanguarda do liberalismo cultural. Eles combatem veementemente o uso de armas de fogo, apoiam as lutas ambientalistas, reivindicam os direitos da comunidade LGBTQI+, buscam, efetivamente, a igualdade de gênero e legalizaram o consumo da maconha. Todos esses temas são fundamentais para eles e foram transformados em lei.

A liberdade de expressão individual é tema tão decisivo para os californianos que, em 2019, o estado sancionou lei para proibir a discriminação de pessoas pelo uso de tranças, torções e *dreadlocks*, estilos de cabelo geralmente feitos pelos negros. Como esses penteados são considerados parte da identidade negra, a legislação californiana entende que comentários ou atos depreciativos a quem os utiliza são uma forma de discriminação racial. Pois muito bem, agora vem o contrassenso, o *Dado Relacional Não Aparente*.

Um estado com esse nível de preocupação foi responsável pela eleição à presidência de um político republicano, símbolo de todo pensamento contrário à forma de vida defendida por sua população. A consolidação desse fato aconteceu em um dos cenários mais improváveis, o *Silicon Valley* (Vale do Silício). Seus habitantes foram decisivos para aquela eleição, apesar da inexpressividade de votos obtido por Trump na região, e mesmo que, em nenhum momento de suas vidas, os californianos tivessem previsto essa responsabilidade.

O Vale do Silício é o berço das grandes empresas de tecnologia do mundo. Um local de inovação, criatividade e pesquisa tecnológica. Google, Facebook, Amazon. Apple, Microsoft, para citar alguns exemplos, fincaram por lá suas sedes empresariais, como é de amplo conhecimento. Lá, também, surgem rotineiramente startups disruptivas, como a Uber. Ou seja, essa é uma localidade de significativa importância para a concepção e materialização do mundo pós-digital, consequentemente, de todos os seus avanços e desafios, como os colocados pelo Trilema Digital, que precisam ser superados.

As mentes brilhantes dessa região ampliam a automação do trabalho. São fundamentais para a consolidação da robótica, da Inteligência Artificial, da constituição e aplicação dos algoritmos em nossas vidas. Todas essas novas ferramentas nos trazem incontáveis avanços, mas também modificam a organização da mão de obra. Propiciam, em ambientes industriais, a substituição de uma grande quantidade de profissionais por máquinas.

> A adoção de novas tecnologias traz desenvolvimento, mas ocasiona desemprego nos setores produtivos.

Ora, qual foi um dos principais slogans de campanha de Trump em sua corrida eleitoral? *Make America Great Again* (Vamos tornar a América grande novamente), slogan criado para sensibilizar os milhares de desempregados de então. Como estratégia, Trump apelou para o desalento das pessoas.

Entre 2005 e 2015, nos Estados Unidos, um total de 5,6 milhões de empregos haviam sido eliminados na indústria, em decorrência da automação industrial, e exatamente nas áreas com maior número de desempregados o discurso do então candidato republicano ecoou. As pessoas o viram como tábua de salvação para o combate do empobrecimento. Não à toa, esse processo eleitoral de 2016 tornou-se conhecido como "a eleição dos descontentes".

Naquela época, a falta de esperança da classe média norte-americana era procedente, apesar dos esforços do então ocupante do Salão Oval, no número 1600, da Pennsylvania Avenue, em Washington, D.C., Barack Obama.

Obama foi reconhecido, por muitos, como um presidente de vanguarda, a começar pelo fato de ter sido o primeiro negro a ocupar o cargo. Mas a implementação de algumas de suas políticas contradisse seu discurso eleitoral, sobretudo, no tocante à geração de emprego, que patinava no final de seu mandato. Não esqueçamos, na raiz desse problema, lá estavam os inventos dos progressistas do Vale do Silício.

Em termos comparativos, na década de 1980 (Era Ronald Reagan), eram necessários 25 empregados para se obter a marca de 1 milhão de dólares em bens produzidos. No final dos anos de 2010, a quantidade necessária de trabalhadores para alcançar a mesma cifra havia despencado para cinco.

Agora, só é preciso cinco pessoas para gerar os mesmos 1 milhão de dólares na produção de bens. Essa condição reflete a automação das atividades industriais, a adoção de sistemas robotizados nas linhas de produção das empresas. Essa automação foi responsável por 85% das perdas registradas.

Sendo assim, Trump estava correto, imigrantes estariam roubando posições de trabalho dos norte-americanos. Ele só "se esqueceu" de mencionar que esse "roubo" não estava sendo perpetrado por mexicanos ou chineses, como ao longo de sua campanha bradou repetidamente.

Aliás, a ocupação ocorrida nas mais diversas localidades de produção de seu país nem sequer fora engendrada por humanos. Os ladrões das oportunidades de empregos são os robôs. Esse é o dado relacional de absoluta correlação não aparente identificado pela eleição de Trump.

> **Agora, existe uma nova civilização vivendo em nosso planeta — os robôs.**

A revolução provocada pelo mundo pós-digital, na Era da Idade Mídia, consolida uma sociedade completamente original, com um jeito de ser absolutamente distinto de experiências vividas ao longo de nossa formação. Esse fato requer a adoção de novos comportamentos e novas maneiras de interação para conseguirmos lidar com as demandas decorrentes dessa estrutura.

O mundo não se constitui mais como o conhecemos até então. Nossos arranjos sociais estão em modificação e estabelecem novos paradigmas de vida. Cotidianamente, o avanço da tecnologia nos evidencia essa afirmação; e as nossas relações trabalhistas estão na linha de frente desses impactos.

O setor de telemarketing, por exemplo, foi uma das áreas mais afetadas ao longo de toda a década de 2010. A adoção da tecnologia de reconhecimento de voz está eliminando, gradualmente, a necessidade dos atendentes humanos; e a Inteligência Artificial, ao criar chatbots, potencializa o desaparecimento das vagas de emprego.

Os chatbots são programas de automação capazes de simular a conversação humana feita por telefone ou pela internet. Surgiram, em 1966, em decorrência dos trabalhos de pesquisa do cientista alemão Joseph Weizenbaum, professor do Instituto de Tecnologia de Massachusetts (MIT), ao criar o software Eliza, considerado o pioneiro, a "mãe", dos chatbots.

Eliza fora projetada para simular um atendimento psicológico e era capaz de identificar respostas para 250 frases diferentes, algo extraordinário para sua época. De lá para cá, a evolução dessa tecnologia foi galopante. Os chatbots passaram a responder aos mais variados questionamentos, principalmente, nos canais de comunicação constituídos entre as empresas e seus clientes, em que são utilizados para otimizar o atendimento, agilizando os processos de respostas e aprimorando os controles organizacionais das corporações, objetivando, assim, a redução de custos ao se diminuir o número de funcionários dedicados a essas atividades.

De fato, desde a criação do professor Weizenbaum, vários softwares aprimoraram as capacidades técnicas de Eliza, até chegarmos a 2014, quando a Amazon lançou a assistente virtual Alexa, um serviço de voz capaz de interagir, teoricamente, com tudo ao seu redor. Alexa é reconhecida, por especialistas em tecnologia, como o sistema operacional do futuro. As possibilidades de utilização de assistentes virtuais são inúmeras; eles são capazes de atuar em qualquer setor de nossas vidas.

Mas, especificamente sobre o cenário de chatbots no Brasil, levantamentos de seu setor produtivo indicam a existência de um mercado em consolidação, que já havia ultrapassado, nos anos finais da década de 2010, 17 mil bots em funcionamento, trafegando um volume médio superior a 800 milhões de mensagens ao mês.

Contudo, apesar de seu crescimento e importância nas relações corporativas, esses números não indicam sua perpetuação. Aliás, a dinâmica do mundo pós-digital acelera a impermanência tecnológica. O mercado já especula seus substitutos, a exemplo de menções à expansão da Robotic Process Automation (RPA), aplicação tecnológica de automação de processos que utiliza softwares robôs para tarefas repetitivas e operacionais. Entre outras de suas características, essa aplicação é constituída por Inteligência Artificial, machine learning e linguagem naturais de aprendizagem de panorama.

Seja como for, o crescente número de tecnologias acionadas por voz reestrutura o atendimento proposto para o e-commerce, o sistema bancário ou o telemarketing, áreas, no passado, responsáveis pela contratação de milhões de pessoas ao redor do mundo e, hoje, em franca expansão, mas não mais impulsionadas pelo trabalho de atendentes humanos.

> A tecnologia se soma à nova economia
> e corta drasticamente os empregos.

No mundo pós-digital, o consumo está em xeque. Nosso modelo de expansão econômico e produtivo está sendo reiteradamente questionado por razões ecológicas e ideológicas. Acompanhamos o alvorecer da *Sharing Economy* (Economia Compartilhada), mola propulsora do Compartilhamento em nosso Trilema Digital.

A Economia Compartilhada veio para ficar. Cada vez mais as sociedades valorizam a redução do consumo, por meio de sistemas colaborativos, reciclagem, consumo consciente, *Lowsumerism*, entre outros.

A decisão por seguirmos nesse caminho nos trará diversos Dados Relacionais Não Aparentes nos mais variados setores sociais, em toda nossa vida. Há uma clara tendência comportamental do Compartilhamento já reconhecida por diversos entes da sociedade, mas o enorme risco da desaceleração da espiral econômica associada a essa prática, que está à nossa frente, ainda não é percebido na mesma proporção.

> Se por um lado a automação tecnológica
> substitui empregos, por outro, queremos
> consumir menos. As consequências da
> conjugação desses dois fatores não
> estão delimitadas.

Desde que o mundo é mundo, os seres humanos fizeram um esforço gigantesco para sair da miséria. Foram milhares de anos trabalhando duro, produzindo o máximo que podiam, buscando constantemente a superação dos seus limites.

Sendo assim, desde os tempos das previsões catastróficas de guerra, fome e morte de Thomas Malthus (1766–1834), economista britânico considerado um dos teóricos criadores dos estudos demográficos, quintuplicamos a população e decuplicamos a alimentação, a tal ponto que hoje nosso problema principal em termos nutricionais deixou há muito de ser a fome e, em grande medida, passou a ser a obesidade.

Ainda temos um longo caminho para solucionar a questão fundamental posta pela dinâmica do Compartilhamento. Ao gerarmos uma disrupção tecnológica global, precisamos avaliar o impacto humano e econômico dessa revolução. Não devemos, simplesmente, ficar fascinados e paralisados pelas modificações, sem entender a extensão dos Dados Relacionais Não Aparentes frutos dessa situação. Podemos, inclusive, recorrer às experiências do passado para guiar nossas atitudes.

Na Revolução Industrial, os artesãos quebravam por não conseguir competir com a indústria nascente, mas as indústrias também quebravam por não conseguir manter a sua demanda de produção estável. Ou seja, todos saíram prejudicados. Essa situação só foi revertida, resguardadas as devidas proporções, tanto para artesãos quanto para os industriais, com o advento do marketing e da propaganda, que estabilizou e promoveu o consumo constante e crescente. Ao longo do tempo, como efeito direto desse crescimento, chegamos à atual dinâmica de consumo, suscitando o aparecimento da *Sharing Economy* como resposta.

É indiscutível a urgência de estabelecermos uma economia mais consciente, integrada ao planeta, mas essa necessidade nos impõe um enorme desafio econômico. O bonito agora é consumir menos, reciclar tudo e dividir espaços em nome de uma sociedade mais consciente, justa e igualitária. Efetivamente, não há como ser contra comportamentos tão altruístas, mas, dada essa realidade, qual será nossa posição frente aos novos arranjos sociais com milhares de desempregados em decorrência desse novo modelo de produção e consumo? E mais, como vamos nos posicionar diante dessa civilização tecnológica formada por robôs e máquinas inteligentes que passam a habitar o planeta conosco?

Essa nova civilização compreende o mundo como um imenso e infinito universo de dados. Essa compreensão é literal, afinal, tudo ao nosso redor é um emissor e receptor de dados. Há, assim, um ininterrupto fluxo de dados, gerando Exteligência.

Entendendo, então, que a tecnologia 5G estará em pleno funcionamento em breve, possibilitando conexão para todos os objetos e consolidando a Internet das Coisas (que, por sua vez, criará protocolos e linguagem comum na interação entre esses objetos), como vamos reagir a essa circunstância?

Assimilar essa questão e elaborar uma resposta é fundamental, sobretudo quando nossa capacidade e nosso interesse de aprender contrastam com a evolução do aprendizado das máquinas. Não esqueçamos, os algoritmos têm fome de conhecimento e são a "alma" do novo tempo.

Os algoritmos querem o saber e o buscam em todos os lugares, a todo momento. Imagine como esse cenário será potencializado quando a conexão de todos os objetos que nos cercam deixar de ser hipótese.

Tudo ao nosso redor pode receber um chip, que servirá como coletor e retransmissor de informação. Essas informações vão circular e alimentar a formação dos mais diversos bancos de dados; e os algoritmos, a Inteligência Artificial e as ferramentas de Big Data terão a capacidade adequada de arquivamento e processamento dessa informação. Tudo isso terá um uso. Nós poderemos fazê-lo, mas as máquinas também terão essa capacidade, de maneira autônoma. Novos hábitos comportamentais vão surgir dessas interações. Novos equipamentos serão criados. Teremos outra dimensão e outro espaço para a circulação da informação.

Assim como nós, seres humanos, já viramos mídia, por sermos capazes de elaborar e emitir informação no mundo online, ampliando nossa presença, os objetos nesse cenário de total conexão também passarão a emitir seus dados e serão mídias em si. Uma das ideias por trás dessa possibilidade é a integração dos universos online e offline. A atual divisão existente entre esses dois mundos inexistirá. Os objetos devidamente "chipados" conseguirão se comunicar uns com os outros, com centrais de informação e ainda poderão armazenar seus dados em nuvem; e o centro nervoso de toda essa intricada malha de relacionamentos será a internet.

Quando esse contexto existir, o mundo pós-digital estará pronto para avançar a partir da interação plena das duas civilizações existentes no planeta — a humana e a das máquinas.

> Cabe a nós saber como queremos interagir com os objetos inteligentes que existirão, pois a todo o tempo trocaremos informação com eles. Cabe a nós estabelecer soluções viáveis e rápidas para os Dados Relacionais Não Aparentes.

CAPÍTULO 8

A CAIXA DE PANDORA DO MUNDO PÓS-DIGITAL

"De certa forma, a economia compartilhada pode ser vista como extensão das empresas que encontram formas para não pagar às pessoas o seu valor total."

– TOM SLEE, *escritor*

Em dezembro de 2009, a estrutura dos modelos de negócio e de produção vigentes no século XX estava prestes a mudar, mas ninguém na face da Terra estava avisado das transformações. Os artífices dessa mudança tampouco tinham consciência do que fariam; também não teriam, naquele momento, como prever a revolução que a ideia deles alcançaria uma década depois de ter sido pensada pela primeira vez. Afinal, não havia nada comparável a ela até então.

Detalhe, a ideia não surgiu como uma estratégia mirabolante de dominação global, à semelhança das tentativas dessa contenda roteirizada em blockbusters. Pelo contrário, era algo trivial — tinha a ver com descanso. Seus idealizadores estavam na rua de uma cidade estrangeira e, ao final de um dia de trabalho, tinham problemas para encontrar uma condução que os levasse de volta para o hotel onde estavam hospedados.

Pela frustração das vãs tentativas em conseguir um transporte, refletiram: "Como seria bom se tocássemos no celular e conseguíssemos chamar um táxi." Eureca! Surgia ali, naquele instante, o conceito da Uber: encontrar carros disponíveis para levar as pessoas de um ponto a outro da cidade. Ou melhor, usando as palavras deles em seus canais de comunicação: "Oferecer uma plataforma tecnológica para que motoristas parceiros se conectem de forma fácil e descomplicada aos usuários que buscam viagens acessíveis e confiáveis."

Essa é a história de surgimento da Uber. Seus fundadores, o canadense Garrett Camp e o norte-americano Travis Kalanick, à época, aos 31 e 33 anos de idade, respectivamente, estavam em Paris, participando da LeWeb, conferência feita para empreendedores da internet.

Ao final de um dos dias de palestras, eles tentavam retornar para o hotel no qual estavam hospedados, mas não conseguiam encontrar táxi, ônibus, metrô ou um serviço de motorista particular. Cansados, comentavam entre si como seria muito mais fácil conseguir transporte por meio de um aplicativo. Como ambos faziam parte do universo de empreendedores digitais, a ideia deles deixou, rapidamente, de ser especulativa e se transformou em um negócio lucrativo, disruptivo e referência. A Uber tornou-se um marco.

Apenas seis meses depois de terem passado pelo "perrengue" de não encontrar condução que os levasse de volta para o hotel, foi fundada, em junho de 2010, na cidade de São Francisco, a Uber Technologies Inc.

O objetivo inicial de Garrett e Travis era facilitar a contratação dos serviços de um motorista particular, em um carro de luxo, para conduzir as pessoas pela cidade. Assim, estruturaram o primeiro produto da empresa, o Uber Black, que oferece carros luxuosos para o transporte. O *black* da denominação referia-se à cor preta dos sedãs, o modelo de automóvel utilizado para aquela prestação de serviço.

Naquele começo, todos os carros tinham de ser pretos, mas a concorrência não tardou a aparecer e eles tiveram de se movimentar. Ampliaram a cartela de oferta de seus produtos, incluindo carros mais simples para atender aos clientes.

Desde então, a expansão da Uber foi fenomenal.

Em cinco anos de atuação, eles somaram, em dezembro de 2015, 1 bilhão de viagens. Um ano depois, em dezembro de 2016, chegaram à marca de 2 bilhões; 5 bilhões em maio de 2017; e alcançaram 10 bilhões de viagens em junho de 2018. Todo esse êxito foi conquistado em oito anos de existência. *Em qual momento da história da humanidade uma empresa de economia tradicional teve essa expansão global em um período de tempo tão curto?*

Da Costa Oeste dos Estados Unidos, eles se espalharam para mais de 700 cidades em 63 países e, em maio de 2019, chegaram ao templo do capitalismo, à Bolsa de Valores de Nova York, com valor de mercado estimado em 82,4 bilhões de dólares (o correspondente a mais de 300 bilhões de reais, no câmbio daquele período). Toda essa presença mundial e esse desempenho financeiro vertiginoso estão baseados no seguinte princípio, transcrito de sua comunicação institucional:

> *A Uber é uma empresa de tecnologia que está transformando a maneira como as pessoas se movimentam pelas cidades. Ao conectar, de forma simples, motoristas parceiros e usuários através de nosso aplicativo, ajudamos a deixar cidades mais acessíveis, oferecendo mais opções para usuários e mais oportunidades de negócios para motoristas parceiros."*

Eles "conectam pessoas" e "transformam a maneira de locomoção nas cidades" — de fato, isso revolucionou o mercado do transporte aonde chegaram. Os impactos foram os mais diversos e profundos e exemplificam a extensão da *Sharing Economy* (Economia Compartilhada, em bom português). Aliás, o êxito empresarial da Uber é tamanho que a sua história virou sinônimo de Economia Compartilhada. Mas nem os especialistas nem os pesquisadores sobre transformações sociais, econômicas e inovações tecnológicas são tão positivos sobre a influência e o exemplo deles no mercado.

Em 2017, o jornalista norte-americano e autor de inúmeras obras que refletem as mudanças de nosso tempo, Steven Hill, cunhou o termo Uber Economy, em uma de suas publicações, "Raw Deal: How the 'Uber Economy' and the Runaway Capitalism is Screwing American Workers" ("Acordo Bruto: Como a 'Uber Economy' e o Capitalismo Desenfreado Estão Destruindo os Trabalhadores Norte-americanos", em tradução livre).

No texto, Hill analisa os impactos gerados pelas empresas tecnológicas, que têm a internet como base de suas operações, e como a atuação delas afeta a sociedade e molda a formação do trabalho, principalmente, para a classe média. Seu pensamento desafia estereótipos. Para ele, os líderes desses novos conglomerados econômicos colocam os trabalhadores em um "beco sem saída", em que terão ganhos salariais muito baixos, enquanto os executivos e fundadores dessas iniciativas terão altos rendimentos.

> Mesmo que o Compartilhamento gere mais acesso a bens e serviços, além de motivar novas empresas e negócios, ele não será suficiente para substituir, em curto e médio prazo, as vagas de empregos que estão sendo eliminadas.

O Compartilhamento tem várias formas de se apresentar socialmente, e, por mais que todas tenham como base valores altruístas, elas trazem consigo aspectos degenerativos à sociedade. A essência do surgimento da Uber exemplifica esse pensamento. Um de seus efeitos mais evidentes é a concorrência gerada para os tradicionais motoristas de praça.

Mundo afora, os taxistas fizeram violentos protestos quando a Uber se instalou nas cidades. O cenário, em algumas localidades, foi de guerra campal contra seus motoristas. O tempo passou, a situação foi se acomodando e a animosidade inicial deu lugar a um convívio, se não pacífico, ao menos respeitoso e regulado por diferentes legislações locais nos países onde a Uber está. Contudo, o impacto do serviço entre os taxistas foi só uma das modificações de seu surgimento.

Se, por um lado, o aplicativo facilitou a mobilidade das pessoas, ofereceu possibilidade de renda extra ou ocupação em tempo integral para quem quer se dedicar à profissão de motorista, seu modelo de negócio incentiva o crescimento da informalidade nas relações de trabalho, o bom e velho "bico", que, em inglês, nesta era digital, passou a ser chamado Gig Economy.

Os millennials, nos Estados Unidos, popularizaram esse termo, mas, para eles, diferentemente da incerteza e instabilidade das atividades de freelancer, fazer parte da Gig Economy é estabelecer uma relação de liberdade com as suas atividades profissionais. É criar possibilidades para ampliar as áreas de trabalho, e o pouco ou nenhum vínculo empregatício com seus contratantes é mais um dos aspectos de Dado Relacionado Não Aparente contido na criação da Uber.

Se, a qualquer momento, eu posso acionar um motorista para me levar aonde preciso ir, por que necessito ter um carro na garagem?

Dessa maneira, a compra de carro deixa de ser uma urgência. Sendo assim, a produção das fábricas diminui e um dos primeiros reflexos do desaquecimento do setor é o replanejamento de suas funções, eliminando turnos de trabalho em suas linhas de produção. Seus funcionários, demitidos, reduzem gastos, deixam de comprar roupa, talvez tenham de tirar seus filhos das escolas particulares e assim por diante. Esse ciclo é como a queda de uma fileira de dominó. Quando uma peça se desalinha e cai, as demais caem em série.

> O Compartilhamento desacelera a espiral da economia tradicional.

Os efeitos da chamada Uber Economy estão refletidos nos mais diversos setores econômicos. Um deles pode ser denotado na gestão dos estacionamentos, que já estão se reinventando. Como as vagas ociosas começaram a ficar evidentes, conforme o constante Compartilhamento de carros, os administradores de estacionamento precisaram ser criativos para manter o negócio economicamente viável. Por isso, entre outras medidas, estão transformando seus espaços vazios em bicicletários, locais para recarregar carros elétricos, áreas reservadas para serviços mecânicos, de inspeção e lavagem, ponto de apoio para empresas de locação de carro, para os aplicativos de Compartilhamento de veículos, entre outros. Mas as soluções possíveis desse setor não se esgotam em ações offline. O mundo já foi apresentado ao JustPark, aplicativo desenvolvido por uma startup britânica criado para eliminar vagas ociosas em estacionamentos. Basicamente, o negócio é um aluguel de garagem mediado por um aplicativo.

Inicialmente, o JustPark foi pensado para gerar dinheiro com espaços subutilizados nas garagens. Ora, se durante o dia em um prédio residencial as vagas da garagem estão desocupadas, por que não as oferecer a quem procura estacionamento pelas redondezas? E vice-versa: se à noite os estacionamentos dos prédios comerciais se transformam em desertos de concreto e pilastras, por que não ganhar dinheiro compartilhando esses espaços com quem mora nas redondezas?

Esse pensamento de otimização do uso do ambiente com geração de renda direta é pertinente e encontra interesse. Mas ele também tem Dados Relacionais Não Aparentes, que vão desencadear a interrupção da espiral econômica de diversos modelos tradicionais de empresas.

Para que construir prédios garagens se há significativa oferta de vagas sendo disponibilizadas por Compartilhamento? Quando construções desse tipo são suspensas, adiadas ou descartadas, o número de desempregados decorrentes dessa decisão é significativo. A cadeia produtiva do setor de construção é de alta empregabilidade.

Esse mesmo Dado Relacional Não Aparente pode ser verificado na disseminação de coworkings. A lógica é a mesma. Se as pessoas compartilham, cada vez mais, espaços para trabalhar, diminui-se a necessidade de oferecer prédios de escritórios, portanto, a construção civil é diretamente impactada e desacelera. E essa não é uma hipótese remota, ela já é visível no setor hoteleiro. As grandes redes de hotéis reavaliam a abertura de novas unidades na medida em que a presença dos aplicativos de hospedagem como o Airbnb, precursor dessa área, se consolida.

Assim como a Uber, o Airbnb (Air, Bed and Breakfast) foi criado por amigos para solucionar um problema. Em 2008, Brian Chesky, Joe Gebbia e Nathan Blecharczyk eram estudantes de design em São Francisco. Viviam em um apartamento e estavam tendo dificuldades para pagar o aluguel. Por isso, para levantar um extra e ajudar com as contas, decidiram alugar a sala, a cozinha e o quarto dos fundos para que os interessados pudessem se acomodar em colchões de ar (daí, vem o "air" do nome da plataforma) e dormir.

Eles sabiam que naquele momento, na cidade, estava acontecendo uma conferência de designers e a rede hoteleira estava lotada. As pessoas estavam com dificuldades para conseguir acomodação. A ideia do trio funcionou e superou as perspectivas. Imediatamente, as vagas oferecidas foram preenchidas por pessoas com perfis distintos — todas elas, inclusive, bem diferentes da expectativa criada por eles quando imaginaram possíveis interessados.

Quatro anos depois da primeira experiência, eles se tornaram referência mundial como plataforma de oferta de hospedagem.

De acordo com os números oficiais da empresa, ao completarem uma década de funcionamento, eles estavam presentes em mais de 100 mil cidades, de 191 países, ofertando 6 milhões lugares para se hospedar.

O Airbnb se define como uma empresa que: "Existe para criar um mundo onde qualquer pessoa pode pertencer a qualquer lugar, proporcionando viagens saudáveis, autênticas, diversificadas, inclusivas e sustentáveis." E mais: "Eles utilizam exclusivamente a tecnologia para capacitar economicamente milhões de pessoas em todo o mundo para desbloquear e monetizar seus espaços, paixões e talentos para se tornarem empreendedores de hospitalidade."

Com o desenrolar de suas atividades, a experiência do Compartilhamento foi além dos espaços físicos da casa. Eles criaram o que chamam de Experiências do Airbnb, para possibilitar a oferta de "atividades exclusivas e artesanais" por meio de seu site e garantem ter ofertado mais de 40 mil atividades desde o início desse projeto. Para seus executivos, o Airbnb se transformou na maior plataforma de Economia Compartilhada do mundo, na qual é possível anunciar carros, vagas de garagem, barcos, aviões, praticamente tudo.

Transformar-se em uma imensa plataforma de Economia Compartilhada é a estratégia de negócio deles. Suas ações são projetadas para que se consolidem como espaço no qual as pessoas possam anunciar tudo o que tenham de ocioso em suas casas. Eles exemplificam essa ideia da seguinte maneira.

Alguém vai para um país estrangeiro e se hospeda pelo Airbnb. Nessa hospedagem, seu host inclui o aluguel de um celular com uma linha local, evitando, assim, o pagamento de roaming. Teoricamente, essa ideia pode se estender a carros, roupas, bicicletas, utensílios domésticos. A gama de objetos em uma casa que pode ser alugada como parte de um pacote de hospedagem é significativa. E todo esse movimento, apesar de parecer limitado, impacta os modelos de consumo desenvolvidos ao longo do século XX, porque ele interfere em nossa forma de compra. O aluguel e o Compartilhamento dos itens tornam-se mais importantes do que a aquisição em si do objeto para uso exclusivo de uma única pessoa. Assim, diversas atividades serão modificadas, ocasionando a perda de emprego de várias pessoas. Por outro lado, vão surgir novas ocupações e relações de trabalho.

A Economia Compartilhada é fundamental para o planeta e a nossa sustentabilidade como um todo, mas é também um enorme desafio para o modelo econômico atual. Nós a necessitamos para nosso desenvolvimento, mas não devemos, não podemos nos cegar para todas as suas consequências. É importante avaliarmos os Dados Relacionais Não Aparentes de todas as iniciativas de Compartilhamento para dimensionarmos os seus reflexos mais imediatos e, consequentemente, como devemos agir para diminuir seus efeitos na espiral de crescimento econômico.

> Os desdobramentos do Compartilhamento são como uma Caixa de Pandora: quando a abrimos, não conseguimos mais fechá-la e dela saem situações incontroláveis.

Cálculos ainda imprecisos indicam o decréscimo de algo em torno de 1 trilhão de dólares na arrecadação de impostos, em decorrência da Economia Compartilhada. As consequências geradas para o meio ambiente e para a sociedade, como um todo, pelos desacertos provocados pela prática de atos irresponsáveis na gestão de diversos setores produtivos nos trouxeram a um ponto em que a atitude mais inteligente, mais adequada, nos parece ser aproveitar tudo e reaproveitar o que der, mas precisamos avaliar as consequências desse comportamento para a geração de emprego, arrecadação de impostos e evolução da economia. Uma simples comparação evidencia a incerteza para esses fatores consequentes.

Esses exemplos mencionados da Economia Compartilhada são praticamente *o início do começo do princípio* de todas as mudanças em termos de consumo. Rigorosamente, tudo vai mudar. Esse modelo de economia sugere o Compartilhamento de tudo, a reutilização, a troca de objetos e de prestação de serviço; a economia é circular. Para quem defende essa forma de estar na vida, comprar um objeto para tê-lo exclusivamente para si deixa de fazer sentido e seus defensores questionam a necessidade dessa compra. Por exemplo, para que precisamos comprar malas para viajar quando podemos tomar emprestado de alguém ou alugar?

Viagens são momentos planejados, as aéreas principalmente. Portanto, qual o sentido de mantermos diversas malas em casa, juntando poeira ou ocupando espaço em nossos armários e prateleiras, se podemos, no momento em que necessitarmos, tomá-las emprestadas ou alugá-las?

Essa lógica do empréstimo e do aluguel já é vista há alguns anos no setor de vestuário. Afinal, para que precisamos ter em nosso guarda-roupa um ou mais smoking se a necessidade de uso que tenho dessa peça de roupa é pontual?

Por que as mulheres precisam manter vários vestidos de festas pendurados em seus closets se podem alugar peças extraordinárias de vestuário para ir a uma festa mais elegante, quando for o caso?

Essa mesma ideia do aluguel pode ser replicada para o uso de joias. Faz sentido as mulheres terem joias caríssimas e as usarem tão pouco? Para que gastar significativas somas financeiras para comprá-las se, em muitas ocasiões, essas joias ficarão grande parte do tempo em cofres nas suas casas ou em cofres alugados em bancos? Por que não alugar alguma peça para um uso específico quando for necessário? Assim, uma mesma joia pode servir a cem mulheres.

Na Economia Compartilhada, o acúmulo não faz sentido, porque o comportamento intencionado é o da troca, do aluguel, do uso rotativo de algum item. Ou seja, uma mulher pode passar algumas semanas com uma bolsa, uma echarpe ou um chapéu e, depois, em um sistema de rodízio, trocar algum desses itens por outro; o mesmo é válido para os homens. E esse comportamento não está restrito à roupa; ele se aplica a quase tudo em termos de bens materiais.

Um jogo de churrasco, por exemplo, pode muito bem ser alugado por um fim de semana, momento em que bate aquela vontade de comer uma picanha malpassada com os amigos. Qual o sentido de mantermos em nossas dispensas esses utensílios? Por que não os compartilhamos? Mas é extremamente importante lembrar: o Compartilhamento como um comportamento cada vez mais amplo, fatalmente, tem uma implicação.

Todas as cadeias produtivas dos produtos que deixamos de comprar ou que consumimos menos sofrem um impacto. No caso das roupas, por exemplo, grosso modo, ao deixarmos de comprar novas peças, estamos influenciando diretamente a quantidade necessária de profissionais para o processo de produção desses itens. Haverá uma diminuição do número de costureiros, da comercialização de produtos de aviamento, de vendedores em loja e assim por diante.

Todas as cadeias produtivas dos setores que se virem em meio à Economia Compartilhada decrescerão em termos de produção e oportunidade de empregos.

E é importante refletir que a prática de Compartilhamento não é restrita a objetos. Por que eu não posso alugar um animal de estimação para os finais de semana? Se trabalho incansavelmente de segunda-feira a sexta-feira, e só chego em casa altas horas da noite, por que devo manter em minha casa um cachorro trancado, sozinho, com uma baixa qualidade de vida? Por que não posso alugar um animal por alguns dias?

> O conceito de Compartilhamento crescerá e, quando uma nova área for abduzida por ele, sua cadeia de produção será reduzida.

CAPACIDADE DE COLABORAÇÃO

A maior rede de varejo do mundo é a multinacional norte-americana Walmart, fundada em 2 de julho de 1962, na cidade de Rogers, estado do Arkansas. Depois de 57 anos de sua fundação, em 2019, a empresa empregava em suas milhares de lojas, diversos centro de distribuição, entre outros pontos de venda, estoque e armazenagem espalhados pelo mundo e 2,2 milhões de funcionários, quantidade equiparável à população de uma metrópole. Por sua vez, uma das gigantes do e-commerce mundial, a Amazon, no mesmo ano, não havia chegado a 1 milhão de funcionários — ela empregava entre 650 e 700 mil pessoas.

Se consideramos apenas sua ideia de concepção empresarial, esse número da Amazon não é de surpreender. É, inclusive, coerente com sua história, afinal, surgiu como empresa para desenvolver soluções digitais e tecnológicas, serviços de streaming e de armazenamento em nuvem inovadores, para fazer e-commerce, e não contratar mão de obra, como no modelo das empresas tradicionais do setor de varejo. Cresceu, então, tendo uma rede física de armazenamento, distribuição e transporte de produtos enxuta, repleta de robôs e drones em suas operações.

Enquanto o Walmart constrói lojas, fabrica produtos de marca própria, coloca para rodar pelas estradas milhões de itens diariamente, a Amazon não fabrica quase nada nem tem lojas físicas. Ela está focada em facilitar o consumo das pessoas pelo comércio digital, simplificando a relação de compra e venda de seus produtos por meio da tecnologia. Mas, em termos de lucro, o fato de a Amazon ser uma gigante virtual não a deixa tão aquém dos resultados do Walmart. As duas empresas contabilizam suas receitas em bilhões de dólares, mas com um detalhe: apesar de o Walmart estar à frente em termos de faturamento (pelo menos até 2019), o valor de mercado da Amazon é maior.

Ou seja, uma empresa com grande parte de sua operação digital vale mais do que uma tradicional empresa varejista. Nesse cenário, é válido se questionar para que pensar no aumento de vagas de emprego se é possível crescer, faturar bilhões, ser supervalorizada, tendo robôs como mão de obra, como no modelo da Amazon? No mundo pós-digital, empresas com base em Compartilhamento estão entre as mais valiosas do mercado, vide Google e Facebook. Elas ditam as regras dos mercados, têm poder de influência política e cultural, definem as novas estruturas sociais e têm toda essa presença e importância sem possuir grandes patrimônios físicos (casas, terrenos ou prédios reluzentes). Elas não precisam de gigantesca infraestrutura para se fazerem notar em escala global, nem sequer têm necessidade de fábricas, com extensas linhas industriais tão comuns aos antigos titãs do capitalismo, como as montadoras de veículos.

Essa característica de funcionamento mais leve, menos física, dessas empresas tem uma quantidade incomensurável de Dados Relacionais Não Aparentes. A escala desses dados é mundial e atravessa todas as gerações no planeta.

Uma das grandes forças do Compartilhamento, transformada em armadilha para as futuras gerações, é a capacidade de colaboração indistinta propiciada pelos arranjos tecnológicos. Por meio deles, podemos atuar em conjunto, de forma massificada e simultânea, em qualquer continente. Essa ideia, por si, é libertária e nos torna onipresentes.

Estamos em constante diálogo, gerando e consumindo informação, conhecendo novos saberes, descobrindo outros lugares, distintos hábitos e costumes. Ao mesmo tempo, essa mesma possibilidade de propagação e assimilação de conhecimento é válida para o mundo dos negócios e é usada como forma de crescimento pelas empresas de tecnologia. Elas também se expandem e se fazem onipresentes pelo mesmo princípio.

Na prática, o Compartilhamento estruturou a formação de gigantescos grupos empresariais, nos quais as novas tecnologias (algoritmos, ferramentas de Big Data, computação quântica, entre tantas outras) são fundamentais para a amplificação da existência desses novos conglomerados. Portanto, a variável de incerteza dos resultados que essas estruturas vão gerar é significativa. Afinal, não temos exemplos, no passado, de empresas com essa constituição e forma de ação.

> O Compartilhamento gera acúmulo de riqueza para um grupo reduzido de pessoas, fundadores de empresas de tecnologia, por exemplo, e destrói a estrutura de setores produtivos. Ele é capaz de precarizar as relações empregatícias e estabelecer novas formas de consumo.

A origem do princípio de colaboração/Compartilhamento proposta pela internet, por meio dos softwares livres, aos poucos, está se desvirtuando. Quando sua aplicação extrapolou o universo da tecnologia, como conceito e operação, e chegou a outros setores econômicos, ele foi convertido, efetivamente, na criação de posições de trabalho mal remuneradas, no fim de acordos de classe e na insegurança previdenciária. É preciso analisar atentamente o surgimento desse contexto para não prejudicarmos os avanços sociais e econômicos trazidos pelo mundo pós-digital.

Como liberal econômico que sou, não acho tudo isso necessariamente ruim e, acreditando na "mão invisível" de Adam Smith, tenho convicção de que no final tudo dá certo. A questão que nos alarma é a gestão do transitório.

Diariamente, o progresso e os avanços tecnológicos se intensificam. Presenciamos, a todo momento, a profunda repercussão dessas mudanças em nossa economia e sociedade. Com isso, temos de evitar retrocessos devidos à falta de reflexão da extensão desse impacto em nossa vida.

Certas configurações formadas no mundo pós-digital podem nos levar a um freio evolutivo e gerar graves riscos sociais. Precisamos agir prontamente para que situações dessa natureza não surjam, mas, ao surgirem, não se agravem.

> Nossa obrigação é tirar o melhor proveito dos avanços da tecnologia e nos defendermos dos possíveis aspectos viciados originados de seu uso.

Os millennials são um grupo social que, em princípio, rejeita o consumo e celebra o Compartilhamento de tudo. Para eles, "ser" é mais importante do que "ter". Eles desprezam marcas e são contra o consumo de luxo. Têm como objetivo uma vida frugal, com menos competição e mais contemplação. Na pirâmide de Maslow, a hierarquia das necessidades é bastante difusa sob a ótica deles.

Também conhecidos como Geração Y, os millennials são a faixa da população nascida entre a década de 1980 e o final dos anos de 1990. Eles cresceram conjuntamente à afirmação e ao crescimento da internet. O amadurecimento deles, se é que isso efetivamente ocorreu, acompanhou o amadurecimento da tecnologia como a conhecemos. Sendo assim, eles são importantes para a definição do uso das redes sociais, para o estabelecimento das atuais interações sociais. Eles deram conteúdo ao mundo pós-digital.

Para eles, tudo é urgente. Tudo se resolve em um toque na tela. Tudo está disponível — informação, educação, diversão, tudo mesmo — a qualquer momento.

Eles estabelecem relações afetivas, profissionais e de consumo pelas mídias sociais; e, em tudo o que fazem, desejam ser cocriadores. Querem se sentir parte da criação do mundo no qual vivem, seja de que forma for, por meio da elaboração de políticas públicas, do consumo de mercadorias, da exposição de sua imagem, de seu estilo de vida etc. Eles gostam de emitir opinião e querem ser ouvidos (e reconhecidos) por essa opinião emitida. Detalhe, quando pensam em se envolver nas situações sociais, profissionais, em cocriar, querem esse envolvimento nos termos e tempo relevantes para eles. Resiliência não é uma caraterística dessa geração, que está disposta a mudar o mundo, mas com preguiça de arrumar o quarto.

> Muito do que hoje se avalia como crise conjuntural da economia embute em si uma crise estrutural de modelo social que critica o consumo, estimulando o "ser" e condenando o "ter". Esquecemos que, não tendo algo, nada será gerado, e a consequência disso poderá ser danosa para a economia.

É muito importante entendermos essas características geracionais se quisermos compreender a estrutura do Compartilhamento. Reconhecê-las é um passo para dimensionarmos seu impacto e conseguirmos fazer os ajustes necessários para continuarmos gerando o mais amplo crescimento possível.

A forma de nossa produção econômica está mudando. Com isso, os mais diversos setores produtivos são afetados, uns mais diretamente do que outros, mas essas mudanças alteram, sem distinção, toda a nossa rotina profissional e de geração de renda. Devemos estar atentos às transições inerentes deste novo tempo. Elas são diversas; uma delas é vista pela prática do *Lowsumerism* —, comportamento originado diretamente da Economia Compartilhada que é um desses fenômenos de estudo, como veremos no capítulo seguinte.

▲

CAPÍTULO 9

NOSSOS DILEMAS COM O CONSUMO

"A economia compartilhada está criando um novo modelo econômico, um meio termo entre o capitalismo e socialismo, no qual os portões que impedem as pessoas de passar de trabalhador para proprietário estão sendo afrouxados."

– **ARUN SUNDARARAJAN,** *professor de Empreendedorismo e Tecnologia da Universidade de Nova York*

Na busca por definir comportamentos, entender movimentos sociais e prever novos cenários econômicos, criamos termos para explicar o mundo à nossa volta. Fica mais fácil compreender os acontecimentos e teorizar sobre eles a partir de conceitos estabelecidos. A expressão *Lowsumerism* é um exemplo dessa maneira de agir; aliás, é um estrangeirismo bastante preciso para o que se propõe a designar. O conceito embutido em sua explicação traduz com muita precisão a maneira pela qual os adeptos da Economia Compartilhada estão modificando nossos hábitos de consumo.

Cunhado em 2015 pela empresa de pesquisa em tendência de consumo e comportamento dos jovens Box 1824, ele é um neologismo que faz a junção de duas palavras do vocabulário inglês, *low* (baixo) e *consumerism* (consumismo), o que em sua tradução para a bela e inculta língua de Camões significaria "baixo consumismo". Ao se dedicar a entender o comportamento dos jovens, a Box 1824 identificou alterações significativas nos formatos praticados de compra entre esse universo pesquisado de pessoas. A amostra dos entrevistados caracterizou algo disseminado mundo afora, mas, há certo tempo, bem mais evidente em diversas sociedades industrializadas do Hemisfério Norte. Em alguns países por lá, é cada vez mais explícito que a maneira como consumimos nossos bens e serviços aproxima-se de um ponto de inflexão, de esgotamento.

É importante destacar o "alguns países" da frase anterior, porque outras localidades pelo mundo ainda enfrentam vários contratempos financeiros em suas economias e o consumo nessas localidades está mais ligado à subsistência de suas populações.

A situação de extrema pobreza de certas nações é tão alarmante que o Fundo das Nações Unidas para a Infância (UNICEF), em seus estudos, aponta um estado de calamidade humana na Nigéria, na Somália, no Sudão do Sul e no Iêmen. Nesses países, já foram registrados o impressionante número de 22 milhões de crianças passando fome, sendo que, por sua condição nutricional, 1,4 milhão delas corriam o risco de morte iminente. Elas estavam completamente subnutridas à época das investigações da UNICEF em seus territórios.

Essa situação é de uma ironia sem tamanho quando entendemos que, de acordo com a Organização das Nações Unidas para a Alimentação e Agricultura (FAO), a produção mundial de alimentos é suficiente para atender às necessidades de todos os bilhões de habitantes da Terra. Como, então, podemos ter localidades em que recém-nascidos podem morrer de fome a qualquer segundo por não ter o que comer?

Pior, essa realidade, por mais distante que por vezes possa parecer, está bem mais próxima de nós, brasileiros. Infelizmente, ainda não erradicamos a fome em nosso território federal, como tanto desejamos.

Um dos últimos levantamentos do IBGE (Instituto Brasileiro de Geografia e Estatística) sobre esse tema indicou o fato de que 3,6% dos brasileiros sofrem de "alguma insegurança alimentar", termo técnico utilizado para dizer que mais de 7 milhões de pessoas não têm o que comer e passam fome em determinadas ocasiões do dia. Essa é uma quantidade expressiva de pessoas vivendo em uma situação de indigência, agravada pelo fato de o Brasil ser um dos maiores produtores de alimentos mundiais e figurarmos, entre organismos internacionais de acompanhamento da produção alimentar, como um dos países com o menor índice de fome do planeta. Por isso, ainda termos milhões de pessoas com alguma "insegurança alimentar" é um profundo contrassenso.

Mas enquanto em determinadas nações persiste a realidade em que algumas pessoas só conseguem manter seus hábitos de consumo para atender às suas necessidades básicas de vida, no Hemisfério Norte os países precisam resolver questões opostas a essa condição. A vida por lá é de abundância do ponto de vista material; há excesso de consumo e uma série de impactos sociais decorrentes desse comportamento.

Nessas sociedades, o ato de consumir tornou-se banal, em diversos momentos desnecessário e tomado pelo impulso. As pessoas compram por comprar. Elas são movidas por uma vontade irresistível de consumir. Para alguns desses consumidores, essa condição é uma obsessão sem limites, provocando variados impactos psicossociais e econômicos, apesar de esse comportamento ter feito a máquina da economia girar, o volume de produção subir e as empresas contratarem mais funcionários.

Outro ponto a se considerar nesse cenário de consumo do Hemisfério Norte e em algumas regiões prósperas de países do Hemisfério Sul é o vertiginoso aumento da fabricação de produtos que requerem o uso de materiais que são nocivos à natureza por serem de difícil decomposição, como quando há a utilização do plástico em embalagens, no produto em si ou em processos correlatos.

> Qual é o destino adequado para as embalagens e os utensílios de plástico depois de utilizados?

O descarte incorreto do plástico, sobretudo a partir da segunda metade do século XX, quando o nível de industrialização e riqueza em algumas sociedades explodiu, aumentando vertiginosamente a produção de produtos derivados dos polímeros, tornou-se uma questão aparentemente insolúvel para os governos. Eles ainda não conseguiram apresentar saídas adequadas para essa situação, que, pela falta de ações assertivas, ocasiona inúmeros comprometimentos de saúde, econômicos e sociais às pessoas.

Para mim, essa solução virá da combinação do comportamento das novas gerações aliado ao uso da tecnologia, que já começa a apresentar e disponibilizar soluções biodegradáveis. Encontraremos saídas com criatividade. A discussão da Economia Compartilhada, do *Lowsumerism*, é o primeiro indício dessa resposta. Eu sou otimista e entendo que a sociedade saberá, lá na frente, equilibrar consumo consciente e evolução econômica.

ESPIRAL ECONÔMICA

O mundo, cada vez mais, valoriza a redução do consumo, e esse comportamento é importante e simbólico; contudo, ainda é necessário aprimorarmos os sistemas colaborativos de produção que nos são apresentados como indissociáveis da evolução social, como o incentivo à reciclagem, à locação de bens etc. Sem dúvida, essas novas organizações produtivas e comportamentais integram a construção de respostas para o crescente desperdício originado pelo consumo irresponsável das últimas décadas.

Porém, também é preciso reconhecer que essas situações nos indicam a existência de um enorme risco à nossa frente, ainda despercebido por muitos, mas demonstrado pela desaceleração da espiral econômica.

Na medida em que há uma clara tendência de valorização da diminuição do consumo de bens e serviços, isso traz como consequência uma ênfase nos processos de reutilização e reciclagem dos produtos, na divisão de espaços de trabalho, de moradia, em nome do estabelecimento de sociedades mais justas, igualitárias e conscientes. Com isso, os sistemas produtivos em vigência são extremamente impactados e, por serem alterados, modificam a forma da vida das pessoas em seus vários aspectos, tanto profissionais quanto pessoais. E esse pensamento não é mera retórica. Existem estatísticas concretas embasando tal afirmação.

Especialistas tributários e consultores avaliam que, em termos globais, as economias dos países terão, já nos próximos anos e a cada exercício, a redução de 1,5 trilhão de dólares na geração de impostos, devido ao aparecimento e à combinação dessas novas tendências de comportamento.

O impacto dessa soma financeira é gigantesco para qualquer sociedade. A perda desse valor previsto, por exemplo, é maior do que o Produto Interno Bruto (PIB) de todos os países da América do Sul, exceto o Brasil. Portanto, na atual conjuntura dos modelos produtivos, é extremamente significativo que entendamos a extensão financeira das modificações em curso, porque, definitivamente, ao mencioná-las, estamos falando sobre o drástico impacto causado à vida de milhares de pessoas, principalmente, à condição econômica dos trabalhadores assalariados. O ganho salarial dessa classe sofrerá uma acentuada perda de seu poder aquisitivo.

Por outro lado, ninguém pode se colocar contra as reais necessidades de desenvolvermos modelos produtivos e mais autossustentáveis. Por isso, de fato, quando pensamos em aproveitar tudo e reaproveitar o que der, essa atitude nos parece ser uma das mais inteligentes a ser adotadas.

Ao mesmo tempo, essa tomada de decisão não pode ser inconsequente nem deve ocorrer sem uma profunda análise conjuntural, porque, ao praticarmos tais posturas, nós congelamos determinados investimentos; consequentemente, em curto prazo, viveremos uma onda de falta de estímulo ao crescimento financeiro. A lógica é simples.

Se as pessoas não compram, não consomem determinados bens ou reduzem o seu consumo, as fábricas não têm por que produzir produtos que não são vendidos. Por não terem compradores ou mediante a redução significativa de seu quadro de clientes, a tendência é diminuir a linha de produção desses itens sem procura. Ao tomar tal atitude, as indústrias precisam se readequar e, por essa reestruturação, passa a necessidade de avaliar se a quantidade de funcionários empregada atende à demanda existente, se é maior do que o necessário ou se é preciso reduzir o número de seus contratados e/ou prestadores de serviço.

Quando as fábricas optam por rever para baixo o número de seus funcionários, na prática, elas vão desligar trabalhadores de suas folhas de pagamento. Em bom português, demitirão profissionais. Mediante essa circunstância, o ciclo de desaceleração financeira atinge seu ápice. Pessoas desempregadas não consomem porque não têm dinheiro.

Como elas não conseguem gastar, o comércio dependente do consumo dessas pessoas deixa de ser lucrativo, e as vendas cessam. Daí, mais uma vez, o encadeamento das perdas e prejuízos se faz lógico.

Cada um dos proprietários dos estabelecimentos comerciais, ao deixar de vender, abrem um ciclo de retração econômica individual, que é ampliado para um cenário maior, indo do local ao nacional.

Essa descrição pontual apenas revela o fomento de um ciclo de paralisação e desaceleração econômica. No Brasil, vimos isso acontecer, por inúmeras vezes, nas nossas mais distintas regiões, em diferentes épocas.

Tomemos como exemplo uma região icônica e histórica de nosso desenvolvimento industrial localizada no estado de São Paulo, que engloba as cidades de Santo André, São Bernardo do Campo, São Caetano e Diadema, o chamado ABCD, ou ABC.

Por lá, são várias as histórias de desenvolvimento e riqueza seguidas de crises e desalento, resultando na falta de perspectiva profissional (e pessoal) de inúmeras categorias de trabalhadores. Alguns dos casos mais emblemáticos de retrocesso econômico são vistos no setor automobilístico, devido à suspensão ou ao encerramento completo do funcionamento das linhas de fabricação de montadoras de veículos leves e pesados, carros e caminhões.

Diferentes crises econômicas, locais e mundiais, determinaram o fechamento de diversas indústrias nessa localidade, impactando a vida de milhares de famílias que organizaram toda a sua existência em torno de empregos na indústria automobilística.

O processo de desindustrialização do ABC acontece a olhos vistos e não dá sinais de arrefecimento. Os mais variados fatores explicam essa situação. Aliás, processos de mudança estrutural de larga extensão

são sempre influenciados por inúmeras causas. Por isso, precisamos ter objetividade e tranquilidade quando pensamos na relação direta entre o surgimento da Economia Compartilhada e os reveses sociais e econômicos vividos em localidades como o ABC.

Ao fazer tal correlação, não estou advogando pela interrupção ou demonização da Economia Compartilhada, pelo contrário. Ao citá-la, reconheço a sua importância e a sua possível perenidade. Portanto, estruturalmente, estamos modificando nossas relações e, em ocasiões como essa, é preciso refletir sobre todos os aspectos e identificar tanto os reflexos positivos quanto os negativos que surgem em paralelo a essas novas situações.

Não esqueçamos que os millennials são um grupo social que, em princípio, rejeita o consumo e celebra o compartilhamento de tudo, e são eles que vão ditar os rumos dos setores produtivos daqui por diante. Aos poucos, eles se encaminham para ocupar os cargos de comando das empresas, as chefias dos governos, os ambientes de pesquisa das universidades. A filosofia de vida deles estará impressa nos mais diversos locais sociais. Esse é um movimento natural. É uma substituição geracional saudável. Temos de abrir espaço para o novo e assegurar que esse novo encontre seu lugar para darmos prosseguimento à nossa evolução, como, por exemplo, a ressignificação do conceito de luxo feito pelas novas gerações, em que luxo é consumir o mínimo necessário. Nesse contexto, privilegia-se uma vida mais frugal, sem excessos.

VENTOS DO ORIENTE

Em países industrializados do Ocidente, a expressão "ter menos é mais" tornou-se um dos mantras mais utilizados como reforço para o desprendimento do ato de consumir. Essa postura, contudo, nos leva a alguns questionamentos e à importância de repensarmos essa dicotomia.

> Sempre fizemos uma relação biunívoca entre crescimento e sucesso. Será o caso de continuarmos com essa perspectiva? Como podemos valorizar a redução do consumo e continuar avaliando o sucesso de uma empresa pela sua expansão e volume produzido?

Ainda não chegamos perto de encontrar respostas claras para essas perguntas. Estamos no processo de elaboração das respostas. Mas, enquanto elas não surgem, precisamos manter o equilíbrio econômico em relação às formas de estruturação e organização de nossos sistemas produtivos, industriais e toda a necessidade de preservação ambiental e social que se desenha em nosso futuro.

Uma das maneiras encontradas, mesmo que involuntariamente, para manter esse delicado equilíbrio vem do Oriente e está relacionada à ascensão da China ao posto de segunda maior economia mundial. Desde as profundas e revolucionárias políticas econômicas implementadas por Deng Xiaoping, que comandou a República Popular da China entre 1978 e 1992, o país vem se transformando em um dos mais urbanizados e industrializados do planeta, deixando para trás sua secular organização econômica rural e coletivista.

Seu crescimento econômico é facilmente reconhecido pela extrema constância de expansão de seu Produto Interno Bruto. Por mais de 10 anos, em média, seu PIB cresceu na casa dos 10% ao ano, transformando a China no país com a mais rápida evolução financeira entre o final do século XX e o início do século XXI. Em valores nominais, a economia chinesa já ultrapassou a marca dos 14 trilhões de dólares, superando outras potências industriais como o Japão, a Alemanha e a França.

Obviamente, todo essa pujante guinada de rumos origina uma população muito rica, milionária, bilionária, a despeito de o país, dado o seu gigantismo estatístico pelo fato de sua população ser a maior do planeta com mais de 1 bilhão e 300 milhões de chineses, ter uma quantidade significativa de pessoas vivendo com diversas necessidades econômicas, principalmente os residentes de suas áreas rurais. Mesmo assim, a China, nos últimos anos, figura entre a lista dos países com o maior número de bilionários do mundo, e naturalmente a volúpia dessas pessoas por consumir bens, serviços e experiências luxuosas é gigantesca e movimenta a economia mundial.

Diferentemente dos países ocidentais mais industrializados, o consumo de luxo na Ásia é almejado pelas pessoas. É visto como algo desejável. Gastar dinheiro com produtos de qualidade está em alta por lá. Analistas desse mercado estimam que os gastos anuais dos chineses no setor superam os 73 bilhões de dólares. Eles adoram comprar produtos caros e não têm nenhum pudor em gastar a quantia que for para conquistar o bem desejado. Esse comportamento, por sua vez, corresponde a um terço de toda a movimentação global do setor de luxo.

Na prática, essa dinâmica sustenta os grandes conglomerados de empresas de luxo baseados na Europa e nos Estados Unidos. Os asiáticos, em especial a China, tornaram-se um dos principais consumidores de marcas históricas como a Louis Vuitton, Chanel, Prada, Mercedes-Benz, entre outros símbolos da riqueza ocidental. Do ponto de vista empresarial, essa situação compensa o declínio do consumo no Ocidente. E a expansão do crescimento desse tipo de consumo é um prognóstico inconteste, apesar de alguns desempenhos negativos registrados pela economia chinesa.

São os jovens moradores de cidades menores, um pouco mais afastadas dos grandes centros urbanos como Pequim, Xangai, Shenzhen, um dos pilares de segurança para manter o mercado chinês ativo e atraente. Eles demandam produtos de qualidade e luxuosos. Querem consumir tudo de bom e do melhor, e o poder de consumo deles faz com que grandes marcas internacionais revejam seus planos executivos de expansão, transformando em prioridade para seus negócios o desejo de consumo desses jovens.

As grandes corporações do mercado de luxo priorizam a abertura de novas unidades de suas lojas nessas localidades, o que, do ponto de vista de negócio, é um jogo de ganha-ganha para todo mundo. O comércio local ganha diversidade e dinamismo, e as empresas proprietárias das famosas marcas obtêm expressivos resultados financeiros em seus balanços globais.

De acordo com indicadores das agências governamentais chinesas para acompanhamento da evolução dos índices econômicos de sua população, os jovens consumidores dos centros urbanos de médio tamanho são responsáveis pela movimentação de 30% das vendas do mercado de luxo na China. Mas eles não são os únicos a fazer girar toda essa roda da fortuna.

O governo de Xi Jinping comemora o crescente consumo de sua população que, para ele, é sinônimo de "melhora de vida de seus cidadãos", pois reflete o aumento do salário mínimo e dos demais benefícios sociais, ampliando o poder de compra de todos os cidadãos.

A mídia estatal chinesa, em suas publicações, alardeia aos quatro cantos do mundo esse rápido crescimento de consumo de sua população, com matérias em que destaca que, entre 1949 e 2019, a renda per capita dos moradores das suas comunidades rurais haveria crescido quarenta vezes, diminuindo assim o déficit de renda das áreas rurais em comparação com os moradores dos seus centros urbanos. Resultado, as famílias beneficiadas por esse crescimento de ganho salarial conseguiram adquirir suas casas, comprar carros, computadores, telefones celulares e os mais diversos utensílios domésticos.

É uma refinada ironia pensar que o chinês, inserido em um governo comunista, em um país com um longo e recente histórico de depressão econômica ao longo de quase todo o século XX, tenha se tornado o símbolo do consumismo de luxo, em substituição à imagem dos jovens yuppies norte-americanos dos anos de 1980.

A juventude chinesa, contudo, é só um exemplo dessa mudança. Outros países asiáticos refletem um comportamento semelhante, a exemplo da Coreia do Sul e da Índia, em que o consumo de luxo de suas populações está disseminado entre as classes mais abastadas. A juventude rica desses países não economiza na compra de acessórios de luxo caríssimos para se exibir nas áreas mais nobres de suas cidades ou circular entre as mais badaladas e sofisticadas metrópoles europeias. O mesmo comportamento acontece entre a juventude abastada do Oriente Médio.

Com tanto dinheiro sendo produzido e circulando nessa parte do globo, não é à toa o surgimento de previsões de crescimento otimistas desse segmento entre os seus maiores especialistas, como a consultoria norte-americana Bain & Company, que, por meio de suas análises, indica que a indústria de luxo já fatura mais de 1 trilhão de euros ao ano. Essa é uma marca impressionante e histórica.

De acordo com as análises da Bain & Company, a indústria de luxo só conseguiu chegar a esse expressivo resultado financeiro pelo intenso e consistente crescimento de consumo por itens extremamente sofisticados, caso de algumas marcas de carro e roupas, com preços unitários na casa dos milhares e milhões de dólares. Para o setor atingir essas cifras vultosas, a participação dos jovens asiáticos e do Oriente Médio é fundamental.

A HISTÓRIA SE REPETE

Os novos ricos da China, por exemplo, querem estar associados à maior quantidade de marcas possíveis. Eles não querem apenas uma roupa — eles querem vestir uma grife, dirigir um carro reconhecidamente associado a um histórico de sofisticação, como uma Mercedes-Benz ou um Bentley, e beber uma bebida exclusiva.

Essa obsessão pela exclusividade é tanta entre eles que o mercado do vinho viu o preço de determinadas garrafas serem inflacionados, porque os chineses pagam os valores mais exorbitantes pela bebida sem barganhar. Pechinchar para quê, afinal?

Aqui pelo Ocidente, depois das duas Grandes Guerras Mundiais, vimos o consumismo crescer sem medidas, a exemplo do que está acontecendo atualmente nos países asiáticos. Por lá, esse comportamento aparece depois de um longo período de depressão econômica ao qual as suas populações estiveram submetidas. Em certa medida, é bom lembrar, muitos deles ainda não vivem toda a pujança econômica dos mais abastados. Ou seja, essa voracidade por ter e consumir ainda perdurará por alguns anos, como aconteceu entre as sociedades mais industrializadas do Ocidente. É uma questão de tempo para eles também reverem o seu comportamento. A questão é que não sabemos quanto tempo levará esse "tempo para acomodação" do consumismo por lá.

Como nos lembra o vídeo *The Rise of Lowsumerism*, feito para explicar o surgimento do termo, a industrialização da sociedade foi responsável pelo aparecimento e a ampliação do consumismo entre nós. Afinal, era preciso criar uma demanda para dar vazão à produção dos bens. Até ali, consumíamos o que necessitávamos; os excessos eram pontuais e estavam ligados à burguesia, à nobreza, que eram minoria na sociedade.

Porém, com o início da produção industrial, foi preciso encorajar as pessoas a comprar mais do que elas necessitavam. Esse encorajamento ocorreu de diversas maneiras, entre elas, com o aparecimento do crédito financeiro, da propaganda e do desenvolvimento de técnicas de marketing.

Pela linguagem publicitária, a felicidade passou a ter um valor, foi relacionada a um produto, a um estilo de vida. O consumo, então, tornou-se algo significativo nas culturas e sinônimo de ser bem-sucedido na vida. A lógica desse conceito é direta: seremos mais felizes quanto mais ricos formos, quanto mais condição de comprar tivermos. A publicidade associou o sucesso ao status financeiro. E, em paralelo a esse comportamento, os produtos tornaram-se mais descartáveis.

Estes são alguns dos pontos e marcos históricos abordados no breve filme sobre o surgimento do *Lowsumerism*. Em determinado momento da explicação do termo, seus atores nos fazem uma provocação e nos perguntam quanto tempo mais a Terra teria se mantivermos esse nível de consumismo. Para eles, estamos em um processo de autodestruição e a Economia Compartilhada é a resposta para revertermos esse cenário apocalíptico.

Como essa nova prática exige uma mudança de consciência, para vivermos a Economia Compartilhada, precisamos nos questionar antes de comprar: "Eu preciso disso? Eu posso pagar por isso? Vou fazer essa compra para me sentir pertencente a um grupo, para me integrar? Quero afirmar minha personalidade com essa compra? Eu sei a origem desse produto? E, depois de usá-lo, como será o seu descarte? A publicidade está me iludindo para adquirir o produto em questão? Qual o impacto dessa compra para o planeta? Ao fazê-la, eu vou prejudicar o planeta?"

O filme nos lembra, então, de que *Lowsumerism* surge como resposta a essa série de questionamentos; e, para conseguir êxito nessa empreitada, devemos ter algumas atitudes: "É preciso refletir antes de comprar; tenho de buscar alternativas que gerem menos impacto ao planeta; preciso priorizar modelos de troca, de conserto dos produtos e do fazer com minhas próprias mãos os objetos que desejo consumir. Devemos viver só com o necessário." Para os defensores do *Lowsumerism*, a prática dessas atitudes vai mudar nosso futuro.

Aproveitar tudo e reaproveitar o que der parece uma atitude inteligente, mas precisamos avaliar quais serão as consequências desse comportamento, como ele impactará o nível de emprego, como os investimentos vão se comportar e, sobretudo, quais serão os estímulos de crescimento concretos gerados a partir desse novo jeito de ser fazer negócios.

As novas gerações querem não consumir nada e aproveitar tudo. Ridicularizam os que trabalham duro para ter algo e preferem buscar a felicidade e o bem-estar em troca do esforço para ter e conquistar. Elas querem *ter nada*, mas *usufruir de tudo*, esquecendo que, não tendo algo, nada será gerado, e a consequência disso será extremamente danosa à economia.

Se hoje vivemos em uma era de abundância, essa situação ocorre graças a esse modelo de economia e sociedade que está sendo agora questionado e reprovado. Se antes andávamos para não ficar no lugar, agora corremos para não sair do lugar. E qualquer titubeio da sociedade por meio de estímulos anticonsumo pode nos fazer regredir de formas que desconhecemos completamente.

> Coletivamente, fizemos um esforço gigantesco para gerar riqueza por meio do consumo. Agora, estamos questionamos nosso caminho trilhado de prosperidade.

Não sei se esse modelo adotado para chegarmos até aqui é o ideal e, com certeza, não é o único. Mas, seja como for, precisamos, com urgência, avaliar as condições dos modelos econômicos vigentes e encontrar saídas para uma crise potencial iminente.

A economia, até hoje, apesar de alguns percalços, vem se comportando como uma espiral ascendente. Essa espiral baseia-se na cadeia integrada de aumento de consumo, na ampliação de produção, no incremento de empregos e na arrecadação adicional de tributos, que por sua vez retroalimenta o processo, gerando mais consumo.

Ao optarmos por consumir menos, como no caso da quarentena recente, em que fomos obrigados a isso, há sempre o risco de invertermos a trajetória para uma espiral descendente: menos consumo, menos produção, menos emprego, menos arrecadação tributária, menos investimento em infraestrutura e um processo no qual a máquina vai parando aos poucos.

A miséria pode estar nos espreitando pela fresta da porta e, se não tomarmos nenhuma atitude ou se insistirmos em uma atitude única, que desconsidere os novos comportamentos sociais, "Houston, we have a problem". Tenho certeza, porém, de que a tecnologia e a criatividade são poderosos antídotos para qualquer contexto por vir.

▲

CONCLUSÃO

▷ A SAÍDA DO TRILEMA

CAPÍTULO FINAL

AOS JOVENS
(DE TODAS AS IDADES)

"Dentro de nós há uma coisa que não tem nome, essa coisa é o que somos."

– JOSÉ SARAMAGO, *escritor*

❝ Um dia, cerca de 75 mil anos atrás, a humanidade quase foi extinta. Uma explosão titânica na Indonésia levantou uma nuvem colossal de cinzas, fumaça e detritos que se alastrou por milhares de quilômetros. A erupção do vulcão de Toba foi tão violenta que é considerada o evento vulcânico mais impactante dos últimos 25 milhões de anos. Fez subir ao céu inimagináveis 2.792 quilômetros cúbicos de poeira. Áreas extensas da Malásia e da Índia foram sufocadas por até nove metros de espessura de cinzas vulcânicas. A fumaça tóxica e a poeira acabariam por chegar à África, deixando um rastro de morte e destruição.

Imagine por um instante o caos gerado por esse cataclismo.

"Nossos ancestrais foram aterrorizados pelo calor abrasivo e pelas nuvens cinzentas de pó vulcânico que escureceram a luz do Sol. Muitos foram asfixiados e envenenados pela espessa fuligem e pela poeira. Depois veio o despencar das temperaturas, desencadeando um "inverno vulcânico". A vegetação e a vida animal foram dizimadas até onde a vista alcançasse, restando apenas uma paisagem lúgubre, desolada.

Às pessoas e aos animais restou vasculhar o terreno devastado em busca de minúsculas migalhas de alimento. A maioria dos humanos morreu de fome. Parecia que a Terra inteira estava morrendo. Os poucos sobreviventes tinham apenas uma meta: fugir para o mais longe possível da cortina de morte baixada sobre seu mundo (...)."

Os parágrafos acima transcritos fazem parte do prólogo do livro *O Futuro da Humanidade: Marte, viagens interestelares, imortalidade e o nosso destino para além da Terra*, escrito por um dos mais populares cientistas dos Estados Unidos, Michio Kaku.

Doutor em física pela Universidade de Berkeley, na Califórnia, há mais de duas décadas, ele é professor de física teórica no City College, de Nova York, e um dos mais conhecidos defensores da Teoria do Campo de Cordas, uma tentativa da física contemporânea de unificar os estudos das teorias da Relatividade e Quântica. Em seus estudos, Kaku teoriza sobre a existência de universos paralelos.

Uma de suas principais reflexões em sua obra *O Futuro da Humanidade* diz respeito às modificações vividas (e que serão intensificadas) decorrentes do surgimento e da aplicação das novas tecnologias. Para ele, estamos à beira de uma época de intensas mudanças, na qual nossos "poderes", como seres humanos, serão tão amplos e irrestritos que nos levarão a "reavaliar nosso lugar no universo".

No cenário projetado por seus estudos, "viveremos em colônias espaciais e a imortalidade deixará de ser uma fantasia intangível". Com afirmações desse tipo, de certa forma, Kaku fundamenta a maneira como conseguiremos desenvolver nossa existência no espaço sideral e ele é enfático ao afirmar que nossa civilização não dependerá mais da Terra para existir. Apesar da grandiloquência desse pensamento, como cientista, sua reflexão sobre o assunto não é um mero argumento especulativo, imaginário. Ele não é um escritor de ficção científica. Suas afirmações são baseadas em extensos estudos acadêmicos produzidos por ele e por seus pares, de várias instituições de ensino e pesquisa de reconhecimento internacional.

De acordo com Kaku, a Inteligência Artificial, a robótica, a nanotecnologia, a biotecnologia, entre tantos outros saberes e conhecimentos aplicados, nos capacitarão para construirmos uma nova forma de viver em longínquas localidades universo à fora. Agora, nesta atual fase de nossa existência, estaríamos nos alicerçando para nos lançarmos rumo ao infinito desconhecido das galáxias. Eu sei, essa afirmação pode soar dramática, mas seu uso é pertinente porque, como físico, ao fazer tal alegação, ele não está praticando um exercício de fantasia. Ele interpreta estudos e projeta cenários.

Contudo, eu o cito aqui não por sua fala visionária, suas ideias revolucionárias (para alguns, simplesmente polêmicas e ilusórias), mas pela reflexão detalhada de nosso passado e interpretação dos fatos ocorridos usada por ele como argumento para subsidiar suas projeções.

> " (...) Se há uma lição a aprendermos com a história é que a humanidade sempre se mostrou à altura do desafio ao deparar-se com crises ameaçadoras da vida e estabeleceu metas ainda mais ambiciosas. De certa forma, o espírito explorador está nos nossos genes, impregnado em nossa alma (...)."

A expressão desse pensamento é extremamente oportuna de ser destacada, principalmente, por tudo que passamos em 2020 diante da pandemia mundial decretada pela Organização Mundial de Saúde (OMS), em decorrência da Covid-19, com o surgimento de um novo coronavírus, uma cepa da família da Síndrome Respiratória Aguda Grave (SARS), que levou insegurança médica, social e econômica por todo o planeta.

Em tempos de tanta incerteza e descrença em nosso futuro, é oportuno termos em perspectiva o fato de que a humanidade sempre se mostrou à altura dos desafios ao deparar-se com crises ameaçadoras da vida e estabeleceu metas ainda mais ambiciosas depois de tê-las superado. Não podemos nos esquecer nunca desse fato.

Nós superamos as adversidades por maior e mais complexas que elas possam nos parecer em um primeiro instante. Sempre encontramos soluções para as situações apresentadas. Temos de ter esse entendimento ao refletimos sobre os desafios impostos pelo Trilema Digital, um fenômeno teratológico pelo qual passa nossa sociedade. Por isso, a importância de conhecermos as maneiras pelas quais agimos historicamente para nos livrarmos das adversidades.

Como qualquer outra anomalia, o Trilema Digital precisa ser encarado, com clareza e objetividade, afinal, ele é uma mutação social com profundas repercussões em nosso destino como sociedade organizada.

Pelo fato de sua existência ainda estar em uma fase incipiente, é prematuro afirmar quais serão, efetivamente, os impactos em nossas vidas a partir das mudanças geradas por ele em nosso cotidiano, mas a despeito dessa circunstância, indiscutivelmente, ele já nos impõe várias questões. Como sou otimista, tenho certeza de que conseguiremos assimilar toda a multiplicidade de questionamentos imposta por ele. Até por isso, faço questão de identificá-lo como um desafio, não como um problema. Afinal, ao sermos desafiados, somos chamados a entrar em ação e superar nosso desempenho para conseguirmos encontrar respostas.

É importante lembrar, quando um desafio surge, independentemente da sua natureza, seja ele climático, político, energético, econômico, tecnológico, em um primeiro momento, somos impactados por sua dimensão e complexidade. Por isso, algumas vezes, não vemos imediatamente uma saída para a situação em que nos encontramos. Tudo parece bem maior e mais complexo do que a nossa capacidade de resolução. Daí, temos medo e podemos nos paralisar momentaneamente. Isso é uma condição humana, mas com o tempo dimensionamos a situação e encontramos as saídas.

Precisamos de tempo para nosso preparo e ação. Não esqueçamos, a solução para as situações difíceis nunca surge antes do aparecimento do fato em si. Esta é uma lógica formal — do contrário, essas situações nem sequer existiriam. E, como já indicado, não importa o tamanho da situação que nos encontremos, vamos achar uma saída. Exemplos dessa condição não nos faltam. A ciência aponta, pelo menos, cinco vezes em que a Terra, em sua história de bilhões de anos, já ficou sob "ameaça de ser extinta", mas, contrariando as circunstâncias, resistiu.

O cenário de destruição ocorrido nesses momentos de tragédia foi tão significativo que, apesar da dificuldade para formular estudos precisos sobre esses eventos, a comunidade científica é taxativa ao afirmar que, em determinadas ocasiões, quase 90% de todas as formas de vida existentes foram extintas em decorrência dos acontecimentos transcorridos.

Contudo, a despeito desses ciclos catastróficos, cá estamos; sobretudo, a Terra continua existindo, por isso, é impossível não fazer coro ao ditado popular e afirmar, sem medo de estar errado: amanhã será um novo dia! Afinal, a história corrobora esse pensamento. Haverá sempre um amanhã para chamarmos de novo dia, por mais que alguns persistam em acreditar no contrário. Mas, não custa lembrar, esse amanhã será sempre diferente.

OUTRO PLANETA

Desde seu surgimento, a Terra vive em mutação. Estamos em um planeta que constante e lentamente se modifica. Essas modificações ou adaptações continuarão existindo. Nesse sentido, vale a pena recordar alguns dos eventos apontados pela ciência como catástrofes planetárias, para dimensionarmos a sua força de regeneração. O primeiro dentre eles teria ocorrido há uns 550 milhões de anos (uma escala de tempo, aliás, difícil de ser imaginada) em um período identificado como Cambriano.

> Naquele momento, a vida na Terra era majoritariamente oceânica, por isso, quando determinadas formações geológicas se movimentaram, o nível dos mares teria sido reduzido drasticamente, eliminando o local de moradia de inúmeras espécies marinhas das águas rasas.

Outra hipótese, porém, usada para explicar as tragédias daquele momento aponta para uma modificação das correntes oceânicas, causando considerável resfriamento na temperatura das águas e, em consequência disso, matando mais de 60% de todos os invertebrados marinhos, grande parte da população de então. Seja como for, a Terra continuou dando espaço para as modificações. Outros seres vivos surgiram e novas ameaças de destruição aconteceram nos anos seguintes.

Foi inclusive no período Permiano, que data entre 250 e 145 milhões de anos atrás (posterior ao Cambriano), que a Terra teria passado por seu maior cataclismo, de acordo com estudos acadêmicos. Aparentemente, 96% de todas as espécies viventes daquela época foram exterminadas, inclusive os insetos, animais altamente resistentes.

A extensão dos estragos foi tamanha que a biodiversidade em terra levou 50 milhões de anos para se recuperar, enquanto a existente nos mares precisou de 100 milhões de anos (escalas de tempos essas absolutamente além de nossa capacidade de vida). Naquele contexto, os seres mais atingidos pelos catastróficos acontecimentos foram os répteis anteriores aos dinossauros. Eles foram dizimados.

Apesar do conhecimento da extensão dessa tragédia, somos incapazes de saber com exatidão o que a teria provocado. Para alguns pesquisadores, um gigantesco asteroide teria colidido com a Terra e desencadeado uma série de catástrofes. O seu impacto teria liberado gases estufas, como o metano, presos nos leitos oceânicos. A liberação desses gases, entre outras matérias, mudou radicalmente as condições climáticas conhecidas.

Outra hipótese para explicar tamanha destruição está relacionada a um longo período de erupções vulcânicas que teriam ocorrido na região que hoje corresponde à Sibéria. A ciência entende essas erupções como tão contínuas que o resultado dessa persistência foi a emissão de uma incontável quantidade de substâncias tóxicas, diminuindo drasticamente o nível de oxigênio na atmosfera, tornando a vida por aqui quase inviável. Poucos seres sobreviveram àquela situação. Mas, apesar da total devastação, a Terra continuou se redefinindo.

Algum tempo depois, no período Cretáceo, há 65 milhões de anos, um evento já amplamente estudado em relação às grandes tragédias da Terra teve impacto devastador para os seres então dominantes por aqui, os dinossauros. Um asteroide com mais de 10 quilômetros de diâmetro teria atingido a Terra na região correspondente hoje ao México, aniquilando todos eles.

O choque desse corpo celeste liberou uma intensa camada espessa de material tóxico, bloqueando a incidência do Sol por muito tempo, alterando o clima e dizimando a vegetação, uma das principais fontes de alimentação da época, desestabilizando a cadeia alimentar. Mas, ironicamente, o fim dos dinossauros gerou as condições adequadas para o aparecimento da espécie que viria a nos originar.

Até aqui, cito exemplos de acontecimentos muito distantes de nossa realidade. Até parece que, ao mencioná-los, refiro-me a outro planeta. De certa forma, esses exemplos são, sim, de outro planeta. Aconteceram em uma Terra na qual nunca vivemos como espécie. Um local absolutamente inóspito e estranho à nossa presença. O que, mais uma vez, só comprova a teoria da perene mutação do planeta que habitamos. Estou falando de um lugar onde moramos atualmente, mas completamente diferente do mundo que reconhecemos como nosso.

SOMOS ÚNICOS

O período geológico da Terra mais próximo ao que conhecemos atualmente teria começado por volta de 1,8 milhão de anos e é marcado pela alternância de ciclos de resfriamento e aquecimento. Em um determinado momento dessa conjuntura, o *homo sapiens* se consolidou como espécie dominante da cadeia alimentar existente, a despeito de sua fragilidade física diante de outros animais bem maiores, mais fortes e mais ágeis. O tamanho de nossos ancestrais não impediu que eles dominassem todos os territórios existentes. Desde então, evoluímos em um processo ininterrupto. Agora, nossa evolução será potencializada pela tecnologia em suas mais variadas formas, principalmente a partir da biotecnologia.

A despeito de nosso desenvolvimento ao longo dos tempos, são diversas e insistentes as teses de que desapareceremos a qualquer momento. É muito comum a alegação de que seremos eliminados da face da Terra a exemplo de outras espécies. Entretanto, essas previsões fatalistas se esquecem de mencionar que os demais seres vivos extintos, em suas mais variadas formas, nunca tiveram nossa capacidade de raciocínio, de comunicação, expressão e construção de sociedade. A complexidade de nossa organização social é inigualável e ela não é a nossa única singularidade.

Temos uma condição ímpar de abstração, de produção de arte, como nenhuma outra espécie jamais teve, e esse atributo é um ativo imprescindível para nossa existência.

Ao imaginarmos, nós criamos um mundo novo, construímos realidades distintas, desbravamos e conquistamos novas fronteiras, planejamos viagens espaciais. Essa condição criativa, imaginativa humana é uma de nossas características mais importantes. Ela reafirma o fato de sermos seres únicos nos bilhões de anos de existência da Terra. Por essa razão, os termos de comparação apontando nosso fim, quando lançam mão de comparações com outros eventos de destruição em escala planetária, são infundados.

> Diferentemente dos outros seres, temos potencial para antever tragédias, para nos proteger, para encontrar caminhos a fim de contornarmos as adversidades como nenhum outro ser jamais teve. Somos criativos.

Apesar de as pessoas frequentemente se sobressaltarem perante os desafios que, ao surgirem, parecem insolúveis, intransponíveis, sempre encontramos uma solução para as adversidades. A história comprova essa afirmação.

A vida acontece em ciclos. Alternamos momentos de abundância e escassez, de prosperidade e incertezas, de conquistas e medo. Desde nosso aparecimento, independentemente de quais tenham sido esses ciclos, a humanidade manteve sua caminhada na Terra, que, assim como nós, continuou existindo, apesar das previsões de nosso fim eminente, que são inúmeras. Cito algumas.

> Em 1910, o mundo viveu em pânico pela aproximação de nossa órbita do cometa Halley. À época, não foram poucos os que preconizaram nosso fim devido à sua passagem. Os alarmistas usaram de má-fé, amedrontando as pessoas ao descrever as suas características exuberantes como cometa e deturpando informações científicas.

Um ano antes de seu aparecimento a olho nu, os cientistas acompanhavam a sua trajetória. Ou seja, houve tempo suficiente para que aproveitadores disseminassem falsas informações para obter as mais diversas vantagens da situação. Muitos se beneficiaram financeiramente, inclusive, ao vender produtos de "proteção contra o fim do mundo", como máscaras de gás, medicamentos, entre outros itens de segurança e saúde.

Em outras palavras, para quem agia para gerar o caos e tirar vantagem como pudesse, o cenário era propício. A ciência deu perspectiva sobre a viagem do Halley e os "espertos" aproveitaram as informações disponíveis para organizar suas ações e decretar com exatidão nosso fim, que aconteceria a partir de março de 1910, momento no qual ele estaria mais próximo da órbita terrestre.

O cometa Halley se movimenta em elipse, ou seja, de acordo com um determinado período de tempo, ele dá uma volta em torno da Terra. Essa condição de previsibilidade facilita o seu acompanhamento.

Foi o astrônomo britânico Edmond Halley quem o identificou, no século XVIII. Por meio de seus cálculos, ele indicou o tempo estimado no qual ele passaria próximo à Terra, de 75 em 75 anos. No século XX, os estudos de Halley se mostraram absolutamente corretos. O cometa passou em 1910 e 1986. Sua próxima passagem está prevista para 2061. E, em sua primeira aparição no século XX, ele não decepcionou. Sua chegada foi impactante e fez jus à expectativa existente.

O tamanho de sua cauda, composta de gases que brilhavam e ganhavam cores e formas distintas, sob a incidência da luz solar, equivalia a duas vezes a distância entre a Terra e o Sol. Seu núcleo possuía um diâmetro estimado entre trinta e quarenta quilômetros. As pessoas que o viram se disseram impressionadas pela dimensão do fenômeno, mas essa impressão foi tudo. Ele foi uma linda experiência visual, nada mais. Não ocasionou nenhum evento catastrófico como preconizado por alguns. O Halley surgiu e deixou um encantamento e boas histórias para contar.

Ao longo dos anos, outros eventos povoaram nosso imaginário como o "evento catástrofe da vez" para nossa destruição. Uma dessas situações, que aliás se arrastou como uma ameaça por mais de quarenta anos, na segunda metade do século XX, foi a Guerra Fria, estabelecida após o fim da Segunda Guerra Mundial (1939-1945), entre as duas superpotências emergentes após o término dos conflitos, os Estados Unidos da América (EUA) e a extinta União das Repúblicas Socialistas Soviéticas (URSS).

Com ideologias políticas distintas, esses países polarizaram por décadas as relações diplomáticas internacionais. Eles foram nações antagônicas e se valiam do possível uso de bombas nucleares como a grande ameaça militar durante as negociações estabelecidas entre eles e os países aliados a cada um dos lados políticos.

Toda a cautela e o medo em relação ao uso das bombas atômicas originou-se a partir do ataque norte-americano ao Japão (em 6 e 9 de agosto de 1945), ato derradeiro dos conflitos da Segunda Guerra Mundial. Perplexo, o mundo presenciou a extensão dos estragos resultantes do uso bélico da energia nuclear causados aos japoneses. Mais estarrecedora ainda foi a compreensão de que toda a imensa destruição infligida a Hiroshima e a Nagasaki foi o resultado do lançamento de apenas uma única bomba em cada uma dessas cidades.

Em Hiroshima, por exemplo, estima-se que o artefato nuclear lançado tenha explodido a 580 metros de altura do solo, originando um clarão comparado ao Sol e gerando uma onda de energia de calor radioativa devastadora. Todas as edificações da cidade foram praticamente destruídas e 80 mil pessoas morreram instantaneamente. Algumas foram carbonizadas, outras simplesmente tiveram seus corpos desintegrados, uma vez expostas à radiação nuclear.

Os sobreviventes a essa catástrofe bélica, além de terem contraído as mais diversas doenças (inúmeros cânceres, entre outras mazelas incuráveis), relataram momentos de completo horror após a explosão atômica.

Diante de um cenário tão assustador, o uso da energia nuclear como artefato de guerra ganhou um imenso significado. E saber que as duas principais potências políticas detinham a tecnologia de sua fabricação e que, a qualquer momento, poderiam usá-las como artifício de guerra levou os demais países a viverem em um constante estado de atenção. Não à toa.

O uso de grandes quantidades de bombas nucleares, além de todos os efeitos diretos da radiação nuclear, como o extermínio imediato de milhares de pessoas, traria ainda as mais diversas consequências secundárias resultantes dos ataques, como o surgimento de uma espessa camada de poeira originada pela fuligem das explosões, o que dificultaria a entrada dos raios solares em nossa atmosfera, causando uma espécie de prolongada escuridão, afetando diretamente nossa produção agrícola. Em outras palavras, quem não morresse da explosão da bomba, de alguma doença decorrente da exposição à energia nuclear, morreria de fome, porque não teria mais o que comer.

Por isso, os anos da Guerra Fria foram uma época de constante temor em relação ao nosso extermínio. A escala de tensão desse período era enorme, em alguns momentos ganhava contornos dramáticos, como em 1962, quando Cuba transformou-se em palco de um embate político explosivo, em um conflito direto entre os EUA e a URSS.

Com a derrubada do governo cubano em 1959, comandado por Fulgencio Batista (aliado norte-americano), os Estados Unidos viram a ilha caribenha se tornar uma República Socialista, liderada pelo insurgente Fidel Castro, que comandou as tropas revolucionárias.

A URSS reconheceu na vitória de Castro o contexto apropriado para pressionar seus arqui-inimigos e ameaçou os norte-americanos com a implantação de mísseis nucleares na ilha, um local estratégico por sua proximidade ao território dos Estados Unidos. Havana, a capital cubana, está a 150 km da cidade de Miami, na Flórida. Por isso, durante treze dias, o mundo esteve à beira de viver o seu maior conflito nuclear no vai e vem dessa situação.

Felizmente, os então dirigentes das superpotências, Nikita Khrushchev (do lado soviético) e John Kennedy (do lado norte-americano), se entenderam em meio a acordos em que cada um deles cedeu algo requisitado. Então, em 28 de outubro de 1962, a chamada Crise dos Mísseis foi superada, gerando uma sensação de alívio mundial.

Outro conflito típico do século XX, com nuances de fim de mundo, teve como protagonista a disputa por produção e fornecimento de petróleo, principal fonte de energia para as economias formalmente constituídas. Os anos subsequentes à Segunda Guerra Mundial foram momentos decisivos para a escalada das tensões e disputas sobre essa fonte energética vital ao desenvolvimento industrial e econômico.

> Até aquele período, os países do Oriente Médio eram os principais produtores de petróleo no mundo. Eles continuam decisivos para esse setor, mas, com o passar das décadas, surgiram novos países produtores de petróleo (caso do Brasil, com a descoberta do pré-sal) e o aprimoramento e a diversificação de sistemas de produção de energia, sobretudo as renováveis, como a solar, eólica e hidráulica. Contudo, até meados do século passado, o petróleo despontava absoluto como nossa principal fonte energética, a mais requisitada, gerando absoluta dependência econômica dos países industrializados por esse combustível fóssil.

As nações do Oriente Médio, percebendo essa condição e entendendo o fato de que o petróleo é uma fonte de energia não renovável, trataram de valorizar sua participação nesse contexto. Estabeleceram, assim, maneiras para administrar o valor de venda do barril de petróleo em operações vantajosas para eles. Com isso, tornaram-se países riquíssimos. Afinal, o desenvolvimento da sociedade industrializada no Ocidente, principalmente nos Estados Unidos e na Europa, necessita do petróleo como matéria-prima.

Com as relações de compra e venda mais bem definidas entre os países produtores e os consumidores de petróleo, a partir dos anos de 1960, começaram a surgir conflitos mais evidentes e mais abrangentes pela produção e fornecimento do chamado "ouro negro". As disputas tornaram-se intensas.

Um dos primeiros embates mundiais nesse sentido aconteceu em 1965 quando o então presidente egípcio, Gamal Abdel Nasser, nacionalizou o Canal de Suez, um dos principais meios de escoamento do petróleo do Oriente para o Ocidente. Com essa atitude, Nasser impactou a economia mundial e estabeleceu uma relevância distinta aos países que, de alguma maneira, estavam envolvidos com a produção, o escoamento e a distribuição do petróleo.

Obviamente, por trás de sua medida, havia a intenção de se aumentarem os dividendos financeiros decorrentes das transações existentes da passagem do petróleo pelo Egito. Ele conseguiu atingir seu objetivo. Nos anos subsequentes à nacionalização do Canal de Suez, o preço do petróleo subiu e gerou lucros imensos, principalmente aos países do Oriente Médio, que viram fortunas incomensuráveis surgirem e se consolidarem.

Na década seguinte, os anos de 1970, o mundo viu disparar o preço do barril de petróleo. Esse fato tanto ocorreu pela intensa demanda das sociedades industrializadas e em desenvolvimento, pela consequente profissionalização do setor realizada pelos países do Oriente Médio, como pela disputa de territórios entre palestinos e judeus, conflito esse que se arrasta há décadas e colocou em lados opostos os povos árabes e os cristãos ocidentais.

Como forma de pressionar países apoiadores das reivindicações de Israel no embate contra os palestinos, principalmente os Estados Unidos, aliados de primeira hora dos israelenses, os árabes decidiram fazer uma escala permanente e gradual de aumento no valor do preço do barril de petróleo. A tensão gerada por essa situação foi o prenúncio desejado por alarmistas de plantão como indicativo claro de mais uma iminente Guerra Mundial, a terceira. Dessa vez, porém, com um detalhe: o embate teria uma farta quantidade de armas nucleares disponíveis para ambos os lados do confronto. Em outras palavras, tudo indicava que estávamos prestes a nos dizimar, afirmavam os defensores do caos. Mas entrou ano e saiu ano e a guerra nunca veio. Por outro lado, algo extremamente objetivo emergiu dessa situação.

Países como o Catar, o Kuwait e os Emirados Árabes Unidos tornaram-se, a despeito do cenário de tensão vigente, nações riquíssimas, dando um novo contorno à economia mundial e abrindo espaço para fortunas incalculáveis, além do surgimento de mais tensão geopolítica por disputas territoriais na região que resultaram em conflitos armados, a exemplo da Guerra do Golfo, em 1991.

Naquele ano, o Iraque, comandado por Saddam Hussein, invadiu o Kuwait em busca de dominar os seus campos de produção petrolíferos. Aliado dos Estados Unidos, contudo, o Kuwait contou com o apoio dos norte-americanos, que interferiram incisivamente no conflito com a ação de seu exército, expulsando as tropas de Saddam Hussein; estas, ao saírem das localidades invadidas, deixaram para trás um rastro de destruição ecológica e uma forte crise econômica com extensão global.

As tropas iraquianas incendiaram milhões de barris de petróleo e poços de produção do combustível. O fogo liberou na atmosfera gases tóxicos, como monóxido de carbono e dióxido de enxofre. A intensidade da queimada era tamanha que foi preciso quase um ano de dedicação do trabalho de especialistas para controlar as chamas.

Com o cenário de caos instalado, o Golfo Pérsico foi invadido por um expressivo volume de óleo bruto que vazava incontrolavelmente. Em consequência disso, toda a fauna marinha local foi comprometida. Os animais morriam aos milhares. O óleo se infiltrou em toda a costa litorânea do Kuwait. Houve registros da contaminação da água do mar em uma extensão correspondente a 2 mil quilômetros. Como se percebe, a tragédia ambiental foi significativa.

Apesar da gravidade dos conflito, seus efeitos repercutiram durante um tempo limitado e foram revertidos. Tanto o meio ambiente quanto a sociedade kuwaitiana se recuperaram. Hoje, algumas décadas depois da Guerra do Golfo, o Kuwait é uma das mais vibrantes economias do Oriente Médio, com uma expressiva presença de estrangeiros no país e um vigoroso desenvolvimento urbano de suas cidades. A natureza também se recompôs e apagou os rastros de destruição do óleo derramado. A vida seguiu após os embates, aliás, como sempre segue e seguirá.

Por falar na década de 1990 e no fim do mundo, nove anos depois da Guerra do Golfo as Cassandras de plantão, novamente, preconizaram nossa extinção. Dessa vez, a fórmula de nosso fim estaria ligada à tecnologia. O princípio de nossa aniquilação seria ditado por um evento conhecido como Bug do Milênio e teria data e hora precisas para acontecer. Era tudo muito organizado e previsível.

Nossa extinção aconteceria a partir de 31 de dezembro de 1999, no momento da virada para o ano 2000, quando estaríamos, ao menos no Brasil, todos de branco, espocando champanhe e olhando, ao longe, no céu, os fogos de artifício que estariam explodindo para celebrar a chegada de mais um ano novo.

> Quando todo o frisson em torno do Bug do Milênio começou a acontecer, as discussões e previsões relacionadas a ele estavam restritas à área de tecnologia, e o assunto dizia respeito a uma questão da linguagem de programação estabelecida nos sistemas dos computadores.

No início do desenvolvimento dos códigos de programação, para se economizar com os custos pelo uso de memória (bytes e megabytes), as informações referentes aos anos correntes do calendário eram escritas usando dois dígitos e não os quatro números que caracterizam o ano em questão. Ou seja, quando chegássemos ao ano 2000, especulava-se que os computadores entenderiam que teríamos voltado para o ano de 1900, porque os sistemas só iriam ler e entender os "zeros" do ano.

Ao perceberem essa possibilidade, especialistas lançaram o alerta no setor tecnológico. Foram iniciadas, então, as conversas para resolver o problema. Mas esse assunto não ficou restrito a um ambiente técnico ou acadêmico; como rastilho de pólvora, espalhou-se pela sociedade. "Mas, afinal de contas, qual seria o problema em toda essa questão?", questionavam-se os leigos.

O desastre apontado pelo Bug do Milênio estaria no fato de que, por exemplo, os sistemas bancários responsáveis por grande parte de todas as movimentações financeiras do planeta reconheceriam erroneamente as informações do ano, comprometendo todas as transações existentes, gerando assim análises equivocadas, criando duplicidade de resultados, trazendo imprecisão. Ou seja, tudo o que quem trabalha com dinheiro mais teme — a incerteza.

Os possíveis prejuízos, então, eram previstos em escalas milionárias e levariam à falência uma incontável quantidade de empresas em praticamente todos os setores produtivos. À época, aquela previsão econômica catastrófica representaria uma crise financeira infinitamente superior à vivida em 1929, com o *crash* da Bolsa de Nova York, que desestabilizou todo o sistema financeiro mundial, considerado até então o pior desastre dos sistemas financeiros contemporâneos.

Mas os estragos não se limitariam às questões econômicas, que seriam apenas a ponta do iceberg dos problemas. Os efeitos colaterais indiretos do Bug do Milênio eram muitos. Esperava-se a completa desordem econômica e suas mais óbvias consequências, desde a insubordinação civil a saques no comércio, paralisia dos sistemas de saúde, desajustes governamentais e quedas de chefes de Estado, entre outros líderes dos poderes institucionais constituídos. Toda a sociedade seria afetada. Entraríamos no caos.

As notícias negativas foram tantas e tão disseminadas que diversas pessoas mundo afora foram desesperadamente aos supermercados para fazer compras e estocar o máximo possível de produtos, esperando ter mantimentos de higiene e alimentação suficientes para enfrentar o período de crise que se abateria sobre todos nós e ninguém seria capaz de prever sua duração, tal era o seu ineditismo.

A tão aguardada data chegou, 31 de dezembro de 1999, e, como em um passe de mágica, nada aconteceu. O relógio bateu suas doze badaladas, o ponteiro apontou a meia-noite do dia 1º de janeiro de 2000 e tudo continuava a funcionar exatamente como antes. O mundo não havia acabado. O Bug do Milênio não passou de mais um evento que entrou para nossa história como um "evento catástrofe" que não cumpriu sua promessa de nos destruir. Contudo, algo positivo emergiu daquela circunstância.

De fato, o problema de programação nos sistemas de computadores identificados existia e, como foi notado antecipadamente, houve tempo hábil para se encontrar uma solução adequada. Diversos profissionais na área de tecnologia nas universidades, governos e iniciativa privada se esforçaram para encontrar saídas. Esse fato, mais uma vez, faz lembrar minha afirmação de que é preciso primeiro termos um problema objetivo para, posteriormente, encontrarmos uma solução adequada para ele. Não existe a possibilidade de chegarmos a uma resposta para um problema inexistente, para uma hipótese imaginativa.

Com o grande esforço empenhado para solucionar o dilema de programação existente de então, tivemos uma evolução no setor de tecnologia e informática, consolidamos novas práticas e marcamos o início de uma revolução muito mais ampla e irrestrita que estava por vir, o uso da internet em nossas vidas, nossa organização em redes sociais virtuais, a consolidação dos ambientes online de relacionamento e informação.

Em 2000, estávamos, sim, à beira de um fim, mas nem sequer suspeitávamos que aquele fim estava relacionado à nossa forma de viver.

Estávamos à beira do fim das relações humanas como as conhecíamos até então, mas não desconfiávamos desse destino; ninguém o preconizou; inexistiam data e hora marcadas para essa situação acontecer.

O começo desse novo mundo surgiu em silêncio, discretamente. Hoje, cá estamos nele procurando entendê-lo, nos compreendendo e ressignificando nossa forma de ser e estar. Porém, como ainda não estamos livres dos arautos de nossa extinção, apenas oito anos depois do Bug do Milênio, muitos não tardaram em apontar o fato de estarmos iniciando outro ciclo de desastres que acarretaria nosso término. Dessa vez, ele chegaria por mais uma instabilidade mundial no sistema financeiro, e o ano em questão era 2008.

Na segunda-feira, 15 de setembro de 2008, um dos bancos mais tradicionais dos Estados Unidos, o Lehman Brothers, foi à falência. Esse fato desencadeou uma verdadeira revolução na economia mundial. Pouco a pouco, presenciamos um cenário de "quebradeira geral" entre tradicionais instituições econômicas e governos. Aquele dia entrou para a história como a "segunda-feira negra".

Como ato contínuo ao anúncio da falência do Lehman Brothers, as principais bolsas de valores em todo o mundo despencaram e provocaram um efeito dominó. Tudo mais caía. Diversos outros bancos, irrestritamente, passaram a anunciar perdas bilionárias. A onda negativa de recessão, em poucas horas, contaminou todos os mercados e todas as economias do mundo. Diante dos acontecimentos, os governos foram obrigados a agir imediatamente e injetaram bilhões no setor econômico de seus países para resgatá-lo e evitar um colapso total do setor.

Junto à quebradeira econômica que tomou a todos nós de assalto, veio o desemprego, o fechamento de empresas, a desesperança — e essa onda de depressão não foi uma "marolinha", como definido por alguns. Foi uma grave e extensa crise financeira que perdurou por anos. Tanto é que, uma década depois da deflagração da falência do Lehman Brothers, alguns países ainda não haviam se reestabelecido por completo. O nível de emprego de determinadas localidades estava aquém daquele registrado antes de 2008.

> A despeito dessa situação e da profundidade dos problemas gerados pela "segunda-feira negra" de 2008, como sociedade, superamos os problemas, nos reinventamos e reorganizamos nossas formas de fazer as transições econômicas e financeiras, estabelecendo mecanismos de controle distintos e alertas para evitar futuras situações semelhantes. Mais uma vez, o que prevaleceu foi a nossa existência, nossa vida. Não sucumbimos nem à imperícia e à má-fé de alguns profissionais da área financeira, tampouco deixamos a espiral de maus agouros nos dominar.

É muito importante denotarmos o fato de que sempre há um caminho após as crises. Essa certeza coloca em perspectiva a importância de mantermos a calma durante os momentos mais agudos dos desastres, sejam eles quais forem, e demonstrarmos capacidade analítica mediante as situações que se apresentam. Assim, teremos melhores condições para seguirmos, como aconteceu, por exemplo, em São Paulo, em 2014, quando enfrentamos a maior crise hídrica do estado em oitenta anos. Essa foi outra situação vista, por alguns, como a catástrofe da vez para o nosso fim.

Em julho de 2014, o Sistema Cantareira, um dos principais reservatórios de água da cidade de São Paulo, teria se esgotado. Um imenso desastre, considerando o fato de a capital paulista e sua Região Metropolitana serem uma das áreas urbanas mais populosas do planeta. O volume útil de abastecimento de água existente para atender a milhares de pessoas era insuficiente; estava, tecnicamente, abaixo de um nível aceitável de fornecimento d'água.

Na prática, o Sistema Cantareira é um conjunto de represas que, à época, para o aumento de sua capacidade de abastecimento, tinha uma maior dependência dos períodos chuvosos na região (fundamentalmente registrados nos meses de verão). Ou seja, sua condição hídrica em julho, em pleno inverno, que é uma estação seca, estava completamente abaixo do seu normal, em decorrência de uma forte estiagem.

Naquele ano, o volume de chuva registrado no verão foi muito inferior à sua média histórica. Aliás, aquela estiagem era uma continuação do cenário existente desde 2013. A intensidade da chuva daqueles anos já estava sendo registrada bem abaixo da média, padrão este contrário ao dos anos de 2011 e 2012, quando a chuva foi volumosa e intensa, fazendo a operação do sistema superar sua capacidade máxima de armazenamento.

Ou seja, depois de um biênio em que o ciclo da chuva foi abundante, tivemos dois anos subsequentes com menor precipitação de água. Saímos de um período de abundância para escassez, mas os pessimistas ignoravam tal condição. Para eles, a falta de água no estado, em 2014, principalmente na capital, indicava que tínhamos chegado ao nosso limite de abastecimento hídrico. Teríamos esgotado esse recurso natural (e renovável) e não seria mais viável vivermos sem água em um dos maiores centros urbanos do mundo. O fim de São Paulo, a "locomotiva do Brasil", parecia se aproximar.

A fala corrente de alguns meteorologistas, naquela ocasião, indicava que dado o cenário de falta de água, o Sistema Cantareira levaria, no mínimo, dez anos para se recuperar. A contar daquela data, só estaríamos com níveis razoavelmente normais em 2024. Isso considerando o fato de a população reduzir drasticamente seu consumo de água. Essa era uma das previsões correntes mais aceitas.

Interessante notar que, por mais que essas projeções tenham se baseado em estudos e análises técnicas respeitáveis, seis anos depois da crise hídrica no estado, em 2020, as represas paulistas estavam com o seu nível de água elevado, algumas perto de sua capacidade máxima; outras haviam, inclusive, excedido seu limite. Ora, mas não seria preciso no mínimo uma década para alcançarmos tal situação? Como em seis anos tudo havia voltado a um estado de normalidade? Alguns cenários respondem a essas perguntas.

Primeiro, a partir da situação de desabastecimento de água, portanto, a partir do surgimento do problema, os órgãos de controle e gestão desse setor aprimoraram as suas ferramentas de gestão e trouxeram mais eficiência à execução das tarefas necessárias. Uma das medidas adotadas por eles foi integrar alguns dos principais sistemas de abastecimento de água do estado. A ideia, com isso, foi gerar um tipo de socorro direto, um "empréstimo de água", quando necessário.

No momento em que um reservatório apresenta um nível abaixo do esperado, o sistema identifica onde há mais água disponível e é acionado para complementar o volume daqueles que apresentam alguma dificuldade.

Criou-se, ainda, uma maneira para identificar alguns gargalos no abastecimento, como os pontos de perda de água por falhas estruturais. Apesar dos esforços operacionais, de um acompanhamento mais preciso e detalhado da variação do nível de água no Sistema Cantareira, o principal fato para o abastecimento ter retomado sua normalidade aconteceu, sobretudo, pelo volume de chuva nos mananciais, nas represas que compõem o Sistema, o que era de se esperar após um período de chuva menos intensa.

Como sempre, os fenômenos da natureza acontecem em ciclos. Em algumas ocasiões, eles se apresentam com mais intensidade, em outros momentos, são mais brandos. Essa condição é praticamente uma regra. Ao longo do tempo, é uma constante, assim como tem se tornando mais constante o surgimento de epidemias e pandemias.

Ao observarmos a história, percebemos como o aparecimento desses eventos de saúde, que já mataram milhões de pessoas e frequentemente são usados como indicativo de nosso fim, estão se tornando mais comuns. Essa condição não é uma mera casualidade ou algo aleatório. A boa notícia é que, apesar do seu potencial de devastação, temos aprendido a lidar de forma mais rápida e eficaz contra essas situações e sempre sobrevivemos aos piores cenários previstos, decorrentes do seu aparecimento.

TODO O DIA EVOLUÍMOS UM POUCO

Surtos de doenças infecciosas como a Peste Negra, a Gripe Espanhola e o Ebola são exemplos de distúrbios de saúde extremamente letais. Mas, apesar de seu alarmante potencial de morte, com o tempo, a medicina conseguiu controlá-los, encontrou meios de nos prevenir contra seus sintomas e até de nos curar.

Aliás, a ciência vem controlando todas as doenças que nos têm tomado de assalto no decorrer das últimas décadas. Vide o surgimento da AIDS, da gripe aviária, da doença de Creutzfeldt-Jakob, popularmente conhecida como Doença da Vaca Louca. Todas elas, de alguma maneira, estão sob controle das práticas médicas, inclusive a AIDS, uma das piores mazelas de saúde surgidas no século XX. Apesar de a ciência ainda não ter encontrado a sua cura, essa enfermidade foi praticamente transformada em uma doença crônica.

> **Portadores da Síndrome da Imunodeficiência Adquirida, se devidamente medicados, conseguem levar uma vida absolutamente distinta à da época de seu surgimento, no início dos anos de 1980, quando um diagnóstico positivo para a doença equivalia a uma sentença de morte. Algumas décadas depois desse cenário de desesperança e da condução de inúmeros estudos, a ciência desenvolveu medicamentos adequados, assegurando a qualidade de vida de quem a possui.**

Atualmente, a combinação de remédios utilizada em seu tratamento diminui tão drasticamente a circulação da carga viral no organismo de seus portadores que o índice do vírus existente torna-se indetectável. Na prática, essa condição resulta em uma melhora geral do quadro clínico dessas pessoas, o que era impensável no início das terapias usadas para combatê-la. Foi só com o uso da tecnologia aliado às pesquisas médicas que conseguimos reverter a situação e atingir o atual estágio de tratamento tão avançado e seguro. Esse é mais um exemplo de evolução de nossa condição de vida. Com o tempo, com a tecnologia, com estudos, avançamos, descobrimos novas maneiras de lidar com as situações e melhorar nossa sociedade. Mas isso é um processo.

Quando todas essas enfermidades citadas surgiram, elas imediatamente geraram pânico e desesperança. Trouxeram incertezas, criaram estigmas sociais, afetaram a economia, desestabilizaram sociedades e milhões de seres humanos perderam as suas vidas em decorrência da presença delas. Acompanhamos esse cenário de caos ser potencializado pela disseminação da Covid-19. Tal circunstância evidencia o fato de que não é uma questão de se, mas de quando uma nova doença infecciosa com capacidade de matar milhões de pessoas vai aparecer.

Em um mundo mais interconectado como o nosso, no qual as fronteiras tanto físicas quanto virtuais desaparecem, o poder de propagação de vírus e bactérias é imenso, assim como nossa capacidade de nos informar sobre os acontecimentos dessa propagação, ato este que potencializa a presença dessas doenças em nossas vidas.

Quando tínhamos um transporte mais limitado aos animais, quando não havia infraestrutura de comunicação de longa distância, quando as pessoas estavam mais restritas às suas vilas e famílias, vírus como os da SARS ou da Influenza não encontravam o contexto para impactar a humanidade como encontram atualmente. Inexistiam meios para eles se espalharem em termos globais. Porém, com o passar dos anos e os avanços tecnológicos, o caminho de sua propagação tornou-se adequado.

O aparecimento de condições de saúde que afetam grandes quantidades de pessoas em distintas localidades, ao mesmo tempo, é extremamente facilitado com a maneira como estruturamos nossa vida. Pandemias como a da Covid-19 serão mais frequentes com empresas multinacionais espalhadas pelo mundo, com constantes viagens internacionais, com aparelhos de comunicação disponíveis 24 horas por dia para entrarmos em contato com quem quisermos em qualquer lugar deste planeta.

As pandemias de saúde fazem parte desse contexto de conexão, de um mundo sem fronteiras; por isso, as chances de se intensificarem são maiores, e a história corrobora meu pensamento. Exemplos são diversos. Para ficar em um dos mais simbólicos, lembremos o começo do século XX, quando passamos entre os anos de 1918 e 1919 por um surto de Influenza chamado de Gripe Espanhola, momento no qual mais de 50 milhões de pessoas morreram. Algumas estatísticas sobre as vítimas fatais desse período são ainda mais drásticas e indicam a morte de até 100 milhões de pessoas.

> **Em meio àquele caos, a Europa foi o lugar mais impactado por sua disseminação. Aquela pandemia devastou o Velho Continente. A quantidade diária de mortos era infinitamente superior à capacidade de reação de seus sistemas de saúde. Daí, pelas calçadas de algumas de suas grandes cidades, os corpos se amontoavam para serem enterrados em covas improvisadas, algumas vezes, coletivas.**

De certa forma, a Gripe Espanhola foi um trágico "cartão de visitas", nos apresentando de uma vez por todas o alto índice de letalidade dos vírus. Naquela ocasião, ele assegurava a sua capacidade de destruição, assim como sinalizava que seria bem mais fácil de se propagar em uma sociedade na qual as pessoas circulassem mais entre países.

Depois daquela catastrófica aparição em nossas vidas, a Influenza levou algumas décadas para se manifestar novamente em escala global. A bem da verdade, desde a Gripe Espanhola, nunca mais ela havia dizimado tantas vidas humanas, porque, como estamos bem mais preparados para enfrentá-la, temos uma poder de resposta mais rápido para combatê-la.

Mas a despeito de termos tido décadas seguidas de um convívio mais controlado, por assim dizer, com a SARS ou a Influenza, quando um desses vírus ganha as manchetes do noticiário, boa coisa não está por vir. É preciso ficar atento e agir rapidamente. Em 2009, tivemos uma amostra pontual de seu poder ameaçador. Naquele ano, convivemos com a pandemia da gripe suína, a Influenza A (H1N1), que se abateu sobre todos nós com contornos de uma catástrofe derradeira.

Na segunda quinzena de março, os organismos internacionais de saúde decretaram alerta máximo em relação à sua propagação. Imediatamente, os governos em quase todos os países tomaram suas providências para proteger as pessoas do temido contágio. As medidas enérgicas e rápidas surtiram efeito.

A pandemia da gripe H1N1, entre 2009 e 2010, principal período de sua circulação, de acordo com a Organização Mundial de Saúde (OMS), teve 651 mil notificações de infectados e 18.449 mortos em decorrência de sua ação. Se comparada às estatísticas da Gripe Espanhola, esses números são irrelevantes, por mais graves que sejam — afinal, a morte é uma condição limite em nossa existência, sendo assim, qualquer perda fatal de uma vida é um fato extremamente significativo e impactante. Mas, do ponto de vista meramente quantitativo, o surto de H1N1, em 2009, frustrou as perspectivas trágicas de contágio previamente anunciadas.

Alguns anos antes, em 2004, já tínhamos tido outro surto de Influenza que era temido como algo que poderia se alastrar rapidamente, mas as contenções tomadas pelas autoridades médicas e sanitárias barraram a sua proliferação. Estou falando da gripe aviária (H5N1), que se disseminou, em 2004, a partir do Sudeste Asiático, infectando ao menos 423 pessoas e matando outras 258.

> Em 1997, a Gripe Aviária já havia dado seus primeiros sinais de ação. Naquela ocasião, alertados por organismos de saúde internacionais sobre a possibilidade de um rápido contágio, os governos agiram prontamente e o vírus não se espalhou nem vitimou uma quantidade significativa de pessoas. O mesmo, contudo, não se pode dizer do seu animal hospedeiro, a galinha.

Como medida de proteção dos humanos, autoridades sanitárias em diversos países decidiram sacrificar, só em 1997, 1,5 milhão de galinhas suspeitas de portarem o H5N1. Essa medida preventiva foi necessária, porque pandemias de gripe são provocadas, geralmente, por uma mutação aleatória de algum vírus existente no organismo dos animais selvagens ou domesticados. Eles hospedam o vírus e nós somos contaminados quando estabelecemos determinados contatos com eles. No caso da galinha, elas seriam abatidas e consumiríamos sua carne contaminada pelo H5N1, um quadro de infecção garantida.

Quando novas cepas de vírus da Influenza ou da SARS entram em nosso organismo, elas sofrem mutações, tornando-se letais, porque nossa defesa imunológica não está preparada para combatê-las, tampouco há vacinas específicas para eliminá-las; afinal, são tipos novos desses vírus, desconhecidos de nossa literatura médica, portanto, não sabemos quais são as substâncias mais indicadas para combatê-los.

Por isso, como há séculos os vírus estão à nossa espreita, de tempos em tempos, ocorre um novo surto — para o deleite dos pessimistas, que não tardam a destacar em suas falas a capacidade de destruição deles. Contudo, em todas as ocasiões de surgimento dessa "praga fatal", contradizemos as previsões mais alarmistas, encontramos uma solução para nos imunizar e seguimos vivendo. A partir de agora, essa condição será ainda mais potencializada com o uso das ferramentas tecnológicas em desenvolvimento. Com a pandemia da Covid-19 não foi diferente. As primeiras previsões falavam em 50 milhões de mortos e, por mais grave e impactante que tenha sido a chegada desse novo vírus entre nós, a sociedade soube responder à altura e não deixar, mais uma vez, que os pessimistas e alarmistas de plantão tivessem razão.

Estamos nos tornando uma sociedade mais preditiva. Ampliamos significativamente nossa capacidade de prever os mais diversos acontecimentos, inclusive tragédias geradas pelo aparecimento de vírus e bactérias. Mesmo que situações como essas surjam inesperadamente, e isso vai acontecer, nosso poder de resposta também aumentou. Temos mais conhecimento acumulado e maior capacidade para lidar com o inusitado. A tecnologia nos torna mais aptos a enfrentar essas circunstâncias inéditas.

Mas, a despeito de todo nosso promissor futuro, repleto de possibilidades, persiste na sociedade, em determinados momentos, um arraigado sentimento de que as coisas estão piores atualmente. Como se essa sensação negativa já não fosse suficiente, ainda há quem advogue pelo fato de que as coisas podem piorar bem mais. Essa conduta alarmista na vida acontece ignorando as evidências do passado, que são desmentidas constantemente. E não precisa ir longe para entendermos essa situação.

Olhe ao seu redor. Talvez, neste momento, você esteja me lendo deitado, confortavelmente, em sua cama, no seu quarto devidamente climatizado e iluminado. Isso significa que você tem acesso à luz elétrica. Há bem pouco tempo, isso seria impossível, porque nem sequer existia eletricidade. A luz era natural, do Sol, ou à noite ela era obtida por velas e candeeiros. Na literatura, essa imagem até pode ser admirada, evocar romances, mas, na vida cotidiana, essa condição era limitante.

> Se já conquistamos tanto, se estamos mais longevos, cercados de tanto conforto, por que as pessoas continuam com a sensação de que as coisas estão piores ou vão piorar ainda mais?

É possível fazer algumas reflexões para chegarmos a determinadas respostas a esse questionamento. A primeira razão para esse sentimento de negatividade é a superexposição à informação. Estamos expostos a uma quantidade ilimitada dos mais diversos conteúdos informativos sobre os assuntos e essa circunstância tem efeitos significativos em nosso comportamento.

Observe, não estou aqui defendendo a desinformação, muito pelo contrário. A informação é vital para nossa existência. Nossa evolução também decorre do quanto estamos informados. Nesse tópico, estou me referindo especificamente à superexposição à informação, principalmente em tempos de rede social, quando muitos de nós têm um intenso desejo por compartilhar tudo o que se vive. Esse comportamento é um gatilho para aumentar nossa ansiedade.

Quando compartilhamos informações, sejam elas pessoais ou não, buscamos aceitação e pertencimento a um grupo. Do ponto de vista psicológico, essa busca contínua pavimenta um caminho que pode nos levar a diversas complicações emocionais, entre elas, a depressão.

Além do mais, ao compartilharmos continuamente informações sobre um determinado fato, criamos uma sensação de proximidade negativa com ele, porque a todo instante entramos em contato com algum de seus desdobramentos. Daí, surge a necessidade de fazermos algo ou nos é sugerida a adoção de uma conduta. Sendo assim, aquele fato torna-se superdimensionado em nossas vidas, gerando uma sensação de desconforto, de negatividade, como se aquela situação fosse infinita e única. Ela toma conta de nosso cotidiano.

> Uma segunda razão que devemos considerar diz respeito à nossa necessidade psicológica de ver a desgraça ao longe, distante, para nos sentirmos melhor — é interessante notar a existência de uma palavra no idioma alemão para definir esse sentimento, *schadenfreude* (alegria maliciosa, em português).

A baixa autoestima e a vingança, por exemplo, são sentimentos que podem originar essa sensação, considerada normal pela psicologia. Ou seja, ela é uma característica bem humana. Queremos nos distanciar da desgraça, e essa circunstância, inclusive, nos gera certo alívio emocional quando a vemos acontecer com outras pessoas; nos remete à sensação de que, como nos afastamos, fizemos algo certo, nos livramos dos seus possíveis malefícios.

É como se o pessimista tivesse um íntimo prazer em ver a desgraça acontecendo, depois de tanto ter alertado sobre as fatalidades por vir. Isso é um típico exemplo do bordão de um dos personagens de Hanna-Barbera, Confuso, do desenho *Carangos e Motocas*. Sempre quando as coisas davam errado, ele falava: "Eu te disse, eu te disse."

Por fim, outra razão para explicar a persistência em afirmar que estamos em uma situação ruim e caminhamos para algo pior, apesar da realidade contrária, é o fato de nosso raciocínio ser linear, e a evolução do mundo, exponencial. Simplesmente, não conseguimos acompanhar tantas mudanças ao mesmo tempo. O mundo se transforma de uma maneira muito além de nossa capacidade cognitiva.

Ao não conseguirmos nos manter em dia com tantas alterações, nos sentimos perdidos. Para evitar essa sensação de perda, buscamos refúgio, estabilidade emocional, naquilo que conhecemos. Daí, rejeitamos o novo. Temos dificuldade em nos adaptar a certas situações, principalmente em uma sociedade permeada pelas ininterruptas mudanças propiciadas pela tecnologia. Por isso, algumas pessoas preferem observar o acontecimento das mudanças por um prisma negativo, acreditando que a vida no passado era melhor do que no presente e muito melhor do que no futuro, "afinal, se já está ruim agora, imagina amanhã?!".

Para além dessas três razões, que podem ser compreendidas como condições mais subjetivas, constantemente subestimamos a capacidade de regeneração, tanto da natureza quanto da sociedade.

> As mais diversas tragédias acontecem e a natureza se recupera, assim como as sociedades se reorganizam.

Em 2011, o Japão viveu a pior tragédia do país desde a Segunda Guerra Mundial. Um terremoto de magnitude 9,1 na escala Richter provocou um tsunami que atingiu em cheio a parte norte de sua costa pacífica, destruindo todas as cidades litorâneas daquela região e provocando o acidente nuclear de Fukushima, considerado o mais grande acidente nuclear mundial desde Chernobyl, em 1986.

Essa tragédia se abateu sobre o país em 11 de março de 2011 e matou 18.446 pessoas. Outras 123 mil pessoas foram diretamente afetadas, perderam suas casas e viram suas cidades serem completamente destruídas, não restando outra opção imediata a não ser abandonar a região. Naquelas circunstâncias, viver na área tinha se tornado impossível. De fato, o que se via era um cenário de fim de mundo.

O tremor que gerou toda essa devastação foi considerado por geólogos como um dos mais violentos já ocorridos em nossa história. As cenas das gigantescas ondas impactando o território japonês correram o mundo e causaram comoção. O que se via nelas eram carros sendo arremessados para o alto, casas sendo destruídas, navios sendo jogados em terra. A força das águas destruía, indiscriminadamente, tudo à sua frente.

Contudo, cinco anos depois desse cenário de total desalento, o governo japonês reconstruiu as áreas mais afetadas pela tragédia. Após o investimento de bilhões de dólares, a infraestrutura de comunicação, de locomoção tinha sido refeita e as cidades voltaram a existir.

É impressionante constatar a agilidade e o perfeccionismo na reconstrução das localidades afetadas pelo tsunami ao observar as imagens de antes e depois desses locais. A sensação é a de como se ali nada tivesse acontecido e aqueles locais nunca tivessem passado por tamanha tragédia.

Outro fato histórico também impressionante e digno de ser mencionado, tanto pela dimensão de sua destruição quanto pela capacidade regenerativa da natureza, é o derramamento de óleo no Alasca, em 1989, quando a embarcação Exxon Valdez naufragou no Estreito de Prince William, em 24 de março.

Naquela ocasião, 40 milhões de litros de petróleo cru se espalharam por 28 mil quilômetros quadrados de área de oceano, atingindo 2 mil quilômetros da costa do Alasca, território dos Estados Unidos. A extensão da presença dessa enorme quantidade de óleo no mar foi uma tragédia sem precedentes. As imagens dos animais cobertos de petróleo chocaram a opinião pública mundial. Toda a vida marinha daquela localidade foi extremamente afetada, causando a morte quase imediata de centenas de milhares de aves marinhas, focas e lontras, entre outros.

A ExxonMobil, empresa responsável pelo cargueiro naufragado, responsabilizou-se pelo fato e arcou com a altíssima conta para compensar as perdas e os danos resultantes da tragédia. As somas financeiras envolvidas nessa situação são bilionárias. Mais de 2 bilhões de dólares foram destinados à operação de limpeza dos trechos contaminados pelo petróleo; mais de 300 milhões de dólares foram revertidos em compensações financeiras para os pescadores e moradores das cidades atingidas pela contaminação do oceano; e mais de 900 milhões de dólares foram destinados ao pagamento de indenizações judiciais movidas pelos governos do Alasca e dos Estados Unidos. Do ponto de vista da limpeza das áreas afetadas, foram empregadas 11 mil pessoas, além de uma quantidade expressiva de maquinário adequado para fazer o recolhimento do óleo derramado.

> Apesar de todos os esforços empreendidos, ainda existe na região uma quantidade significativa daquele petróleo cru, sedimentado por baixo da terra. Mas, de acordo com ambientalistas, desde que esse petróleo continue como está, sem ser mexido, a natureza não corre riscos.

Visitei essa região mais de vinte anos depois da tragédia do Exxon Valdez. Ao chegar lá, fiquei impressionado com a exuberância da natureza local. A olho nu, seria impossível dizer que uma catástrofe da dimensão daquele naufrágio acontecera por ali. Por lá, a vida marinha presente e as águas limpas daquele oceano são de uma beleza impactante. E as previsões da época indicavam que a natureza precisaria de pelo menos duzentos anos para retornar ao seu status original.

Aliás, a força de regeneração da natureza foi tão grande nesse caso que, após o desastre ocorrido, alguns dos estudos conduzidos para avaliar a situação concluíram que grande parte do processo de descontaminação realizado fora desnecessário. Segundo quem conduziu essas pesquisas, o ecossistema local teria se recuperado melhor sem a interferência do homem.

Após a tragédia provocada pelo Exxon Valdez, a indústria petroleira foi obrigada a rever os seus protocolos de funcionamento. Eles foram cobrados pela sociedade e pelos mais diversos governos e instituições internacionais a adotar práticas mais rígidas de transporte para um material tão tóxico como o petróleo. Assim, novas tecnologias surgiram.

Mais uma vez, ao refletirmos sobre o derramamento de petróleo no Alasca, conseguimos exemplificar que, independentemente do tamanho da tragédia que se abata sobre o planeta, ele consegue se regenerar. A Terra tem mecanismos extremamente eficientes para lidar com situações difíceis, de ameaça aos seus ecossistemas. Ela nem sequer precisa de nossa interferência para se recompor. E, como sociedade, diante do surgimento de situações problemáticas, sempre nos organizamos para resolvê-las e desenvolvemos novas tecnologias nessas oportunidades.

UM MUNDO MELHOR

Do Reino Unido vem outra dessas situações em que a natureza se reconstrói; e, na busca por revertemos erros ambientais, desenvolvemos conhecimento e tecnologia. Em 2012, os ingleses conseguiram celebrar a despoluição de um dos principais símbolos de Londres, o Rio Tâmisa.

Extremamente poluído, o Tâmisa era considerado biologicamente morto, condição decorrente do constante descarte irregular de esgoto, de dejetos de fábricas, bem como do lançamento, por séculos a fio, dos mais variados detritos em seu leito.

De tão maltratado que era, o Tâmisa passou a ser conhecido pelo péssimo odor que exalava de suas águas. O mal cheiro era tão insuportável que, em determinadas ocasiões, o Parlamento inglês suspendia suas sessões, porque era simplesmente inviável conviver com aqueles miasmas oriundos dele. Vale lembrar, o Tâmisa corta a região central da capital inglesa, portanto, está próximo de alguns dos mais importantes locais da cidade, incluindo o Parlamento, o qual margeia.

Decididos a modificar tal situação vergonhosa para uma das maiores potências econômicas do mundo, os súditos da Coroa Britânica não pouparam investimentos, tecnologia e estudos para limpá-lo. Depois de algumas décadas de árduo trabalho, em 2012, obtiveram o esperado êxito. O rio foi considerado limpo bem a tempo de ser um dos destaques das comemorações para o Jubileu dos 60 anos da Rainha Elizabeth II, que aconteceria naquele ano. Ele, inclusive, se transformou em uma perfeita e deslumbrante passarela para o desfile fluvial de mil barcos em homenagem à Rainha. A própria Elizabeth II, aliás, não se fez de rogada e navegou em suas águas na data. Uma flotilha com toda a realeza singrou pelo Tâmisa.

Atualmente, o rio, considerado um dia como "morto", ganhou vida. Tornou-se lar para uma diversa fauna marinha, mais de 121 espécies de peixes e mais de 400 espécies de invertebrados o habitam. E pensar que toda essa transformação aconteceu em um período um pouco inferior a 50 anos.

Os exemplos aqui utilizados reforçam uma necessidade. Precisamos parar de acreditar que nada vai dar certo, que falhamos como humanidade e estamos fadados ao extermínio. Temos de inverter essa crença e passar a acreditar, veementemente, nas soluções. Para tudo há uma solução, enquanto vivemos — eu repito, tudo!

Não devemos esquecer também que as soluções só surgirão após o aparecimento do problema. E, quando os problemas surgem, necessitamos de algum tempo para nos organizarmos e encontrarmos as soluções adequadas. Sempre foi assim e sempre será. É mais inteligente e produtivo interagir com os arautos do apocalipse a partir dessa perspectiva.

Ao adotarmos uma postura mais positiva, otimista, buscando uma solução para o aparecimento das situações, conseguimos facilmente desmentir as previsões catastróficas deles, muito embora nessa convivência, acho importante ressaltar, se não fossem os pessimistas, talvez não encontrássemos soluções tão rápido para diversos problemas. Por anteverem cenários tão caóticos, eles nos possibilitam uma reação mais esperançosa. Instigam nosso raciocínio e, consequentemente, encontramos caminhos.

Questionar ou alertar não é necessariamente condenar uma atitude, uma situação. Essa maneira de agir também pode ser vista como uma colaboração para o nosso o avanço, seja ele qual for.

> A criação do medo é o vírus da inovação. E a tecnologia é a nossa grande aliada na superação dos problemas.

Precisamos lembrar, ser sustentável não é apenas compartilhar, reciclar lixo ou matéria-prima. Ser sustentável também é reciclar ideias, conceitos e visão do futuro. Por isso, se quisermos continuar usufruindo do capitalismo de uma maneira sustentável, vamos precisar ser cada vez mais criativos.

Talvez, o chamado Capitalismo Criativo (e suas recentes evoluções, como o blockchain) seja a resposta adequada para o Trilema Digital que está se impondo em nossa sociedade. Porém, é importante observar o uso do advérbio de dúvida "talvez" no início deste parágrafo, porque ainda é muito cedo para fazer tal afirmação de maneira enfática. De qualquer forma, precisamos colocar essa possibilidade em perspectiva para analisarmos quais são os melhores caminhos a seguir.

Faça parte da revolução do novo.

Coloquem no cérebro quanto mais informações puderem. Leiam muito, leiam tudo, e as sinapses começarão a acontecer.

Exteligência é ótimo, pois iguala as oportunidades, mas é a inteligência que diferencia e leva à criatividade.

Abram-se para o novo, para o inédito, para o inesperado. Pensem diferente e aceitem as diferenças.

Redes sociais são úteis, mas não é lá que se cria juízo de valor.

Não sejam lobotomizados pelos algoritmos e vão em busca do que não faz sentido, do que não foi pedido e do que não é esperado.

Abracem o contraditório, aceitem a discordância e amem o divergente.

Na nova evolução disruptiva, procurem fazer diferente para fazer diferença.

> Compartilhem tudo, mas não condenem o consumo.
>
> Vivam intensamente e não restrinjam as experiências.
>
> Consumo consciente não é ruim nem errado.
>
> Vamos em busca de um novo modelo econômico que não dependa da espiral ascendente do "ter", e sim da evolução natural do "ser".

Na vida, tudo é uma questão de dosimetria. Ao adotarmos uma atitude ponderada, analítica, positiva para com o nosso futuro, seremos capazes de grandes saltos evolutivos. Assim, entregaremos aos jovens um mundo melhor e esse mundo estará em boas mãos. Como dizia o britânico William Henry Beveridge, notável economista e reformista social progressista:

> O propósito da vitória é viver em um mundo melhor do que o antigo.

CONHEÇA TAMBÉM

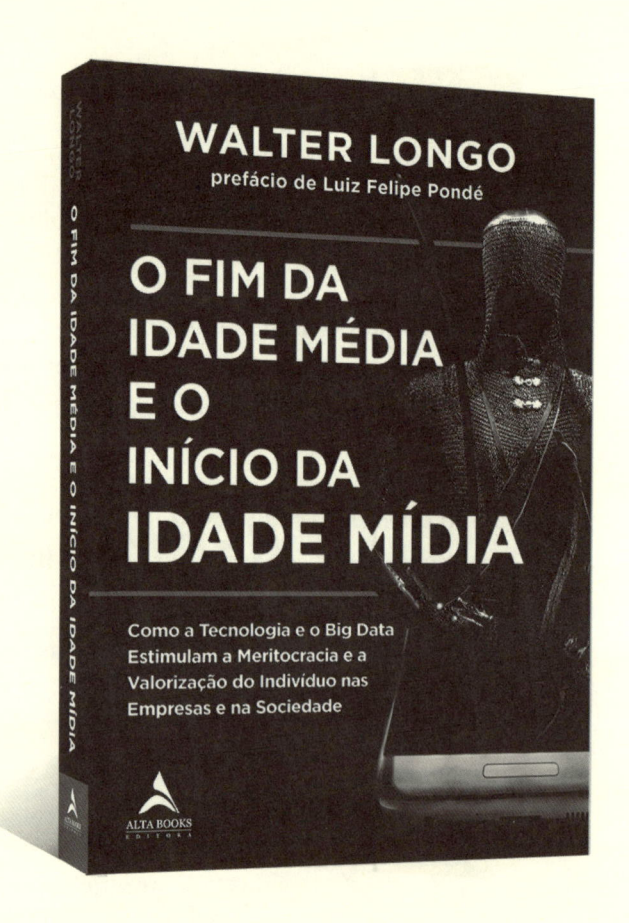

ESTAMOS NO ALVORECER DA
IDADE MÍDIA

A cada dia, nossa interação social com os aspectos do mundo ao nosso redor se transforma irrestritamente. Não há limites para as mudanças em curso: estamos nos reinventando. Essas transformações não resultam do acaso. Vivemos um período de transição no qual consolidamos uma nova Era. Você está pronto para a Idade Mídia?

CONHEÇA TAMBÉM

O MUNDO REALMENTE NÃO É MAIS O MESMO, E ISSO É MUITO BOM!

Estar a par de todos os acontecimentos relevantes que nos cercam é uma necessidade real. Mas, além disso, esse conhecimento adquirido não pode ficar apenas no plano superficial; precisamos saber mais, de maneira mais profunda e focada. A cada dia mais se faz necessário mergulhar em reflexões sobre questões atuais para encontrar caminhos. O sucesso pessoal, profissional e nos negócios depende, muitas vezes, de um bom guia.

CONHEÇA TAMBÉM

O MUNDO DIGITAL JÁ ERA.
BEM-VINDO À ERA PÓS-DIGITAL.

A era pós-digital veio para questionar as velhas certezas e deixar sistemas inteiros de pensamento corporativo do avesso. Mais do que aprender coisas novas, precisamos esquecer tudo o que sabemos.